W0175605

Anne Löwen

Unendlich wertvoll

Sofapausen für junge Mamas

BRUNNEN
Verlag GmbH · Giessen

Die Bibelzitate sind unterschiedlichen Übersetzungen entnommen und wie folgt gekennzeichnet:

4. Auflage 2020

© 2017 Brunnen Verlag GmbH, Gießen
Lektorat: Konstanze von der Pahlen
Umschlagillustration: Maymoriie/shutterstock
Umschlaggestaltung: Daniela Sprenger
Satz: DTP Brunnen
Druck: CPI – Ebner & Spiegel, Ulm
ISBN 978-3-7655-0969-8

www.brunnen-verlag.de

Für meine Mama

Danke, dass du mir eine wundervolle Kindheit
vollgestopft mit Freude geschenkt hast.
Danke, dass du immer an mich geglaubt
und mir so viel zugetraut hast.
Danke, dass du mich immer unterstützt hast.
Danke, dass du so viel Zeit für mich hattest.
Danke, dass ich von dir lernen kann, was es heißt,
eine Mama zu sein.
Danke für deine Liebe.
Ich hab dich lieb.

Deine Anne

Inhalt

Vorwort
Vollgestopft mit Wundern

„Maaaaamiiii!!!" Wie oft ich dieses Wort schon gehört habe, kann ich gar nicht sagen. „Mami, ich hab Hunger!", „Mami, wie oft muss ich noch schlafen, bis ich Geburtstag habe?", „Mami, warum?", „Mami, wie kann eine Fliege auf dem Kopf laufen?", „Mami! Mami! Mami!".

Mami. Ein Wort und eine Bezeichnung, an die ich mich schon lange gewöhnt habe. Vielleicht ist sie mir sogar schon *zu* vertraut. Vielleicht vergesse ich manchmal, was für eine wunderbare Wahrheit sich dahinter verbirgt: Ich bin eine Mama!

Na und? Was ist das Besondere daran? Viele Frauen sind Mamas. Das ist das Normalste der Welt, denkst du jetzt vielleicht. Es stimmt, viele Frauen sind Mamas. Aber macht die Masse eine Sache zwingend weniger faszinierend oder im wahrsten Sinn des Wortes weniger *Wunder-voll?*

Ich bin zutiefst davon überzeugt, dass Mamasein wundervoll ist, also vollgestopft mit Wundern. Mir scheint nur, dass wir diese Wunder häufig gar nicht oder viel zu selten sehen.

Wunder wie ein strampelndes Baby in meinem Bauch. Wunder wie der erste Schrei eines neugeborenen Kindes. Wunder wie eine Babyhand, die sich in meine schmiegt. Wunder wie Kinderaugen, die strahlen, wenn ich ihnen verkünde, dass wir Eis essen gehen. Wunder wie ein Kuss, der Tränen zum Versiegen bringt. Wunder wie die Worte „Mami, ich hab dich lieb!".

Ich finde es immer wieder faszinierend mitzuerleben, wie meine Kinder die Welt entdecken. Sie sind begeistert von so vielen kleinen Details, für die ich manchmal schon lange keine Augen mehr habe. Sie kichern vor Freude, wenn sie spüren, wie Schnee in ihrer Hand schmilzt. Sie entdecken, dass der Mond dunkle Flecken hat, die wie ein Gesicht aussehen. Oder sie staunen darüber, dass ihr angebissenes Nutellabrot gerade die Form eines Flugzeugs hat.

Kann es sein, dass wir die Wunder des Mamaseins gar nicht mehr wahrnehmen, weil wir uns schon zu sehr an sie gewöhnt haben? Kommen uns viele Aspekte unseres Alltags als Mama vielleicht deshalb so bedeutungslos vor, weil wir verlernt haben, die Schönheit darin zu erkennen?

Vielleicht sollten wir ganz neu lernen hinzusehen – und tiefer zu blicken. Es gibt so viel aufzustöbern! Das Leben einer Mama ist überreich. Wenn du Mama bist, dann hat Gott dich unendlich beschenkt. Öffne die Augen für diese Wunder! Und werde dabei vielleicht wieder selbst zum Kind! Entdecke dein Leben so, wie deine Kinder es entdecken! Und verlerne nicht das Staunen!

Vor einiger Zeit haben mein Mann und ich einen Film gesehen, in dem ein Pastor nur knapp dem Tod entrinnen konnte. Die ersten Tage danach nahm er alles um sich herum unheimlich intensiv wahr. Er lief singend durch das ganze Haus, legte sich nachts in den Garten, um den Sternenhimmel zu genießen, und beobachtete begeistert, wie Spinnen ihre Netze spinnen. All dies wirkte für seine Familie und Freunde etwas befremdlich, aber für ihn bedeutete es pure Lebensfreude. Er erkannte ganz neu, wie reich das Leben in all seinen Kleinigkeiten ist.

Liebe Mami, diese pure Lebensfreude ist auch für dich! Gott möchte, dass du dein Leben als Mama in vollen Zügen genießt. Es ist nicht sein Plan für dich, dass du dich verzweifelt fragst, wie du diese Zeit nur überleben kannst. Der liebende Vater will doch nicht, dass sich Mamas abquälen und sehnsüchtig darauf warten, dass die Kinder endlich aus dem Haus sind, oder?

Ja, manchmal ist es ziemlich hart. An manchen Tagen fragt man sich nicht nur, wie man die Zeit überleben soll, bis sie alle

18 sind, sondern wie man es überhaupt bis zum Mittagsschlaf des Babys schaffen soll.

Aber mitten in all diesen großen und kleinen Herausforderungen hält Gott einige Schätze für dich bereit ... diese vielen kleinen Wunder des Lebens, die wir so häufig übersehen – und damit vergessen, dass sie da sind.

Gott hat dich mit dem Mamasein beschenkt und nicht bestraft. Möchtest du diese wundervollen Geschenke erkennen und dich darüber freuen? Es lohnt sich, genauer hinzusehen und wieder zu staunen. Warum? Weil es fröhlich macht und auch über die ein oder andere müde Depriphase hinweghelfen kann.

Ich wünsche dir, dass du diese Wunder entdeckst. Dass du all die Wunder, die Gott in dein Leben gebracht hat, neu erleben und wirklich fühlen kannst. Sie sind schon da. Sie warten nur darauf, von dir aufgespürt und bestaunt zu werden ...

Dieses Buch ist kein Ratgeber, der dir zeigt, wie man die perfekte Mutter wird. (Und nur nebenbei bemerkt: DIE GIBT ES NICHT!!!) Es ist ein Buch darüber, wie Gott dir in deinem Alltag als Mama begegnen will. Gott möchte mit dir durchs Leben gehen – und das gilt auch für dein Leben als Mama. Er möchte dir die Weisheit schenken, nach der du dich in komplizierten Situationen sehnst. Er möchte dir Geduld geben, wenn du explodieren könntest. Er möchte dich mit Kraft ausstatten, wenn deine Energiereserven aufgebraucht sind. Er möchte dir Ruhe geben, wenn dir alles zu viel wird. Er möchte dein Herz mit seiner Liebe und tiefen Freude füllen, wenn alle dir auf die Nerven gehen. Er möchte dein Mamasein begleiten.

Ich wünsche mir, dass du durch dieses Buch Ermutigung und Begeisterung für deine Aufgabe als Mama bekommst. Kinder sind ein riesiges Geschenk Gottes an uns. In einer Gesellschaft, in der das Mamasein keine große Beachtung bekommt, ist es nicht leicht, den Alltag als wertvoll anzusehen und zu genießen. Wie schnell ertappt man sich dabei, von einer scheinbar wichtigeren und größeren Aufgabe zu träumen. Wie wichtig ist es da zu wissen, dass Gott den Einsatz für unsere Kleinen sieht und schätzt. Sich um Kinder zu kümmern und für sie zu sorgen, zählt zu den wichtigsten Aufgaben in dieser Welt.

Ich brauche diese Ermutigung von meinem himmlischen Vater. Ich bin keine Superheldin. Ich bin eine ganz normale Mama und werde von meinen vier kleinen Kindern und den großen und kleinen Herausforderungen des Alltags immer wieder an meine Grenzen gebracht. Aber ich lerne immer mehr, wie sich mein Leben verändert, wenn ich anfange, Gott mit hineinzunehmen. In seiner Nähe finde ich die Kraft und Motivation, meinen Aufgaben zu begegnen.

Das Familienleben kann manchmal ganz schön herausfordernd sein. Und in diesen hektischen Momenten, die einen an das Ende seiner Kräfte bringen, kann man eine wichtige Wahrheit sehr schnell vergessen: Gott hat sich das Mamasein erdacht, um unglaublichen Segen, überströmende Freude und tiefe Erfüllung nicht nur in das Leben unserer Kinder, sondern gerade in unser Leben als Frau zu bringen. Es ist mein Gebet, dass du durch dieses Buch etwas von diesem Segen entdecken und diese Freude und Erfüllung erleben kannst.

Ich wünsche mir, dass du dieses Buch wie eine Unterhaltung zwischen uns verstehst. Vielleicht sind deine Kinder jetzt in der Schule, im Kindergarten oder zu Besuch bei Oma und Opa. Während ich schreibe, habe ich es mir gerade auf unserem kuscheligen Sofa gemütlich gemacht und trinke eine Jumbotasse Cappuccino. Ich mag es, mir vorzustellen, dass du mit mir hier sitzt, dir Ruhe und Zeit genommen hast und an deinem Cappuccino nippst, während wir uns unterhalten.

Also, nimm einen großen Schluck und los geht's …

PS: Wo du das rote Kopfhörer-Symbol 🎧 findest, kannst du dir den Text auch vorlesen lassen.
Schau mal unter:
www.brunnen-verlag.de/blog/unendlich-wertvoll

1

schätze

BEDEUTUNG
SEHEN

MAMASCHOCK

Mit dicken Augenringen quäle ich mich aus meinem kuscheligen Bett und torkle Richtung Kinderzimmer. Das Gebrüll meiner Tochter hämmert in meinen Ohren. Im Dunkeln taste ich den Boden nach dem verschollenen Schnulli ab. Endlich gefunden.

Diese plötzliche Ruhe ... Wer auch immer den Schnuller erfunden hat, er hat nicht nur einen Orden verdient! Während ich mich zu meinem Bett zurückschleiche, frage ich mich, was bloß mit meinen ungestörten Nächten passiert ist.

Wenn man Mami wird, findet man sich auf einmal in einem ganz neuen Leben wieder. Alles hat sich geändert. Der Tagesablauf (vor allem der TagesANFANG!), die Tätigkeiten, die den Tag füllen, die Gesprächsthemen und vieles mehr sind auf einmal von diesem kleinen Bündel in deinem Arm geprägt. (Gab es tatsächlich mal eine Zeit, in der man ein Gespräch führen konnte, ohne irgendwann beim Thema Windeln, Kindergarten, Einschlafrituale, Stillen oder Pucken zu landen?)

Ich kann mich noch gut daran erinnern, wie es war, als unser erster Sohn auf die Welt kam. Ich hatte mich riesig auf ihn gefreut – aber als er auf einmal da war und mein gewohntes Leben vollkommen auf den Kopf stellte, war ich schon erst mal ein wenig schockiert. Mein altes Leben war vorbei und vor mir lag eine neue und mir unbekannte Welt.

Dieses neue Mamaleben, so überwältigend es zu Beginn auch scheinen mag, hält große Schätze für uns bereit. In Gottes Augen sind wir Mamas wertvoll. Alle diese kleinen nervigen Dinge, die eben getan werden müssen, sind nicht unbedeutend. Sie haben nicht nur zeitlichen, sondern Ewigkeitswert.

Und Gott vertraut uns nicht nur diese Kleinigkeiten an. Er überträgt uns die wichtigste Aufgabe überhaupt: unsere Kinder mit ihm in Verbindung zu bringen.

Very Important Person

Du bist wichtig! Über die Maßen wichtig! Eigentlich sogar unersetzbar! Hat dir das schon einmal jemand gesagt? Du bist eine Mama! Du bist der wichtigste Mensch im Leben deiner Kinder. Vor allem solange sie noch klein sind. Aber auch danach wirst du noch eine wichtige Rolle in ihrem Leben spielen. Ist dir das eigentlich bewusst? Für niemanden von ihnen bist du entbehrlich!

Als Mama hat man häufig das Gefühl, die meiste Zeit des Tages mit banalen Dingen zu verschwenden, oder? Mir geht es zumindest manchmal so. Mein Tag ist in der Regel gefüllt mit Wäschebergen, Spülbergen, Spielen, Kochen, Babyfüttern, Spielen, Aufräumen, Spielen, Putzen ... Natürlich ist hier und da auch mal Zeit, mit einer Freundin einen Kaffee zu trinken, während die Kinder miteinander spielen, oder sich mit einem guten Buch auf das Sofa zu kuscheln, wenn die Kinder Mittagsschlaf machen. Aber an den meisten Tagen habe ich nicht unbedingt das Gefühl, etwas Weltveränderndes getan zu haben.

Besonders zu Beginn meiner Mamalaufbahn hatte ich Probleme damit, mich an diese Dinge zu gewöhnen, die jetzt auf einmal zu großen Teilen meinen Tag ausmachten. Ich kam mir manchmal richtig ausgebremst vor. Ich war immer sehr aktiv gewesen und fühlte mich jetzt, trotz aller Liebe zu meinem Kind, mit einer vergleichsweise unwichtigeren Aufgabe betreut. (Nach dem Motto: Was sind schon Windelnwechseln und Eisenbahnspielen im Gegensatz zu den „richtig wichtigen Aufgaben"?) Ich hatte das Gefühl, mit einem Mal auf dem Abstellgleis zu stehen.

Dieser Gedanke wurde nicht gerade besser, als mein Mann

seine erste Stelle als Pastor antrat. Während ich Bauklötze auf-
einanderstapelte, half er in der Seelsorge Menschen mit ihren
Problemen. Während ich versuchte, meinen Sohn davon zu
überzeugen, dass man den Keks nach und nicht vor dem Mittagessen isst (und dabei Zeuge einer unglaublichen Willens-
kraft wurde), leitete mein Mann eine ganze Gemeinde. Und
während ich dem tiefsinnigen Gedanken nachhing, ob ich zu
dem Rest Gemüsesoße vom Vortag lieber Reis anstatt schon
wieder Nudeln kochen sollte, verbrachte er seine Zeit mit Pre-
digtvorbereitungen.

Irgendwie hatte ich das Gefühl, nicht so wichtig zu sein. Ich
wollte die Welt verändern, hatte aber an manchen Tagen nicht
mehr geschafft, als hinter meinem Kind alles wieder sauber zu
machen.

Ich bin sehr froh, dass Gott mich nicht dort stehen ließ. Mittlerweile kann ich ganz anders über diese Dinge denken. Gott
hat meine Einstellung verändert. Er ließ mich Dinge verstehen,
die mir vorher überhaupt nicht in den Sinn gekommen waren.
Nach und nach wurde mir klar, dass er eine komplett andere
Sicht auf Mamas hat als ich. Ich durfte von ihm lernen, welch
eine Bedeutung er dem Mamasein zumisst und dass es eine zutiefst wichtige Aufgabe ist. Langsam erkannte ich mein falsches
Denken und stellte etwas Wunderbares fest: Gott macht diese
Aufgabe bedeutungsvoll, schön und heilig. Sie ist besonders
und wertvoll.

Ich wünsche mir sehr, dass du erkennen kannst, wie wichtig
du als Mama bist – nicht nur für deine Kinder, sondern auch
für Gott. In seinen Augen bist du unendlich wertvoll! Und auch
deine Arbeit als Mama ist in seinen Augen wichtig und kostbar! All diese kleinen Alltagsbeschäftigungen mit kleinen Kindern haben vor Gott wirklichen Wert. Deine Arbeit zählt. Sie
ist wichtig. Und sie hat großen pädagogischen und geistlichen
Wert. Wenn du dich liebevoll um deine Kinder kümmerst, dann
arbeitest du nicht nur für die Familie, sondern auch in Gottes
Reich mit.

Liebe Mami, wenn du, ähnlich wie ich damals (und auch heute noch manchmal ...), mit Gedanken der Bedeutungslosigkeit zu kämpfen hast, dann lass dich ermutigen! Lass uns gemeinsam darüber staunen, was für eine Schönheit und welchen Wert Gott in diese Aufgabe gelegt hat!

Bitte Gott darum, dir seine Sicht vom Mamasein zu zeigen! Lass dich von ihm stärken und ermutigen! Nimm dir Zeit, auf seine Stimme zu hören und ihm auch zu glauben!

EINE MUTTER
BRAUCHT SICH BLOß
UNTER DIE DUSCHE ZU STELLEN
UND SCHON MERKT SIE,
WIE UNENTBEHRLICH SIE FÜR
DIE GANZE FAMILIE IST.

Unbekannt

Ein stolzer Vater

Mein liebes Kind,

ich möchte, dass du weißt, wie stolz ich, der himmlische Vater, auf dich bin!

Ich wusste genau, dass ich auf dich zählen kann. Du bist stark, du bist fähig, du hast Ausdauer und viel selbstlose Liebe. Ich selbst habe dich damit ausgestattet. Deshalb habe ich dir diese Kinder anvertraut – meine Kinder.

Ich wusste, dass du sie mit so einer innigen Liebe lieben wirst. Ich wusste, dass du auf so viel verzichten würdest, um für sie zu sorgen. Ich wusste, dass genau du die Mama bist, die sie so sehr brauchen würden. Deshalb habe ich dich für sie ausgesucht. Unter allen meinen Töchtern konnte ich keine finden, die besser zu ihnen gepasst hätte.

Ich möchte, dass du weißt, wie stolz ich auf dich bin!
Ich sehe, was du alles für diese Kinder tust – meine Kinder.
Ich habe jede Nacht gesehen, in der du auf Schlaf verzichtet hast. Schlaf, den du eigentlich so sehr gebraucht hättest, weil du dich schon am Tag verausgabt hast.
Ich habe jede Seite gezählt, die du schon aus Kinderbüchern vorgelesen hast, obwohl du lieber etwas für dich gelesen hättest. Ja, und ich weiß, dass du dieses Buch schon auswendig kannst und es trotzdem immer wieder mit Begeisterung vorliest.

Ich möchte, dass du weißt, wie stolz ich auf dich bin!
Ich kann besser als jeder sonst verstehen, was du schon für diese Kinder gelitten hast – meine Kinder.

Ich habe dich gesehen, wie du sie neun Monate unter deinem Herzen getragen hast. Du hast recht – es war wirklich anstrengend. Es ist nicht leicht, so einen dicken Bauch immer mit sich tragen zu müssen. Aber du hast bezaubernd mit deinem Babybauch ausgesehen, weißt du das eigentlich?
Ich weiß um die Schmerzen, die du bei der Geburt erleiden musstest. Ich habe bei jeder Wehe mitgeweint.
Und ich weiß auch, wie sehr du leidest, wenn es deinen Kindern schlecht geht und du dir Sorgen um sie machst. Du bist so wunderbar mitfühlend und tröstend.

Ich möchte, dass du weißt, wie stolz ich auf dich bin!
Ich bin so froh, dass du die Mutter dieser Kinder bist – meiner Kinder.
Wenn du nur sehen könntest, wie ich mich freue, wenn ich dich mit ihnen zusammen sehe – wenn ihr miteinander spielt, esst oder kuschelt. Es berührt mein Herz, euch so zu sehen. Wenn ihr ausgelassen auf dem Spielplatz tobt oder euch durchkitzelt, bis die Tränen kommen, dann möchte ich, dass du weißt, welch ein Lächeln ich auf dem Gesicht habe.
Du bist eine wundervolle Mama! Und weil ich das wusste, habe ich dir Kinder geschenkt.

Ich möchte, dass du weißt, wie stolz ich auf dich bin!
Denn auch du bist mein Kind – meine geliebte Tochter! Wenn du nur sehen und hören könntest, wie ich auf dich zeige und laut rufe: „Das ist sie! Das ist meine Tochter! Seht doch nur, wie wunderschön und liebevoll sie ist! Mein Mädchen!"
   Du bist eine Mutter. Aber du bist noch mehr. Du bist auch ein Kind. Mein geliebtes Kind.

Ich liebe dich!

mamapastoren

Als mein Mann seine Arbeit als Pastor begann, hörte er häufig Fragen wie „Bist du von Gott berufen?" oder „Wie hast du deine Berufung erlebt?". Ehrlich gesagt wissen wir bis heute noch nicht so ganz genau, nach was für einem konkreten Erlebnis hier gesucht wird. Ist nicht jeder von Gott berufen, anderen von ihm zu erzählen? Ist es nicht die Aufgabe aller Christen, Gott und Menschen zu dienen? Geht Gottes Ruf nicht an uns alle? Er liebt die Menschen. Und er möchte, dass wir sie ebenfalls von Herzen lieben und ihnen diese Liebe Gottes zeigen.

Da spielt es keine Rolle, wo wir im Leben stehen. Ob wir arbeiten und wo wir arbeiten. Zu Hause. In der Firma. Im Krankenhaus. In der Kirchengemeinde. Alt oder jung. Schüchtern oder initiativ. Wir sind alle berufen. Die letzten Worte von Jesus, bevor er zurück in den Himmel ging, sind an uns alle gerichtet:

Jesus kam und sagte zu seinen Jüngern:
„Mir ist alle Macht im Himmel und auf der Erde gegeben.
Darum geht zu allen Völkern und macht sie zu Jüngern.
Tauft sie im Namen des Vaters und des Sohnes und
des Heiligen Geistes und lehrt sie, alle Gebote zu halten,
die ich euch gegeben habe. Und ich versichere euch:
Ich bin immer bei euch bis ans Ende der Zeit"
(Matthäus 28,18-20; NL).

Unser aller Auftrag heißt: Menschen zu Jüngern machen. Ihnen von seiner Liebe und seinem Kreuz zu erzählen. Ihnen zu berichten, was wir mit Gott erlebt haben. Ihnen zu erklären, was wir in der Bibel über Jesus erfahren können. Sie auf ihrem Weg mit Jesus zu begleiten. Ihnen Unterstützung und Ermutigung zu schenken. Ihnen zu dienen. Und in sie zu investieren.

Diese Aufgabe beginnt im Kleinen. Bei den Menschen, die mich umgeben. Sie beginnt zu Hause. Bei meinen Kindern. Gott möchte mich gebrauchen. Er möchte, dass meine Kinder Jesus kennenlernen. Dass sie erklärt bekommen, wie er ist und was er tut. Wie groß er ist. Wie fürsorglich er ist. Dass er ihr himmlischer Vater ist. Und dass er einen Plan für ihr Leben hat. Ohne Gott und seine Gnade sind sie verloren. Sie brauchen ihn. Er möchte, dass sie das von mir lernen. Dass ich ihnen Gott vorstelle: durch meine Worte und mein eigenes Leben.

Wir wollen es unseren Kindern nicht verschweigen.
Auch die kommende Generation soll hören von der Macht
des Herrn, von seinen Wundern, von allen Taten,
für die wir ihn preisen
(Psalm 78,4; GNB).

Erzählt es euren Kindern, damit sie es
ihren eigenen Kindern weitersagen und
diese wieder der folgenden Generation!
(Joel 1,3; GNB).

Ich kann dir gar nicht sagen, wie diese Wahrheit mein Leben verändert hat. Meine alltäglichen Mamaaufgaben haben ewigen Wert. Meine Investition geht über das Sichtbare hinaus. So wie ein Pastor sich um seine Gemeinde kümmert, so habe ich meine „kleine Gemeinde" zu Hause, um die ich mich kümmern darf. So wie ein Prediger mit Hingabe am Sonntag spricht, so darf ich sieben Tage die Woche Gottes Wort in die Herzen meiner Kinder sprechen. Eine Mama zu sein ist keine weniger wichtige Berufung, als Pastor oder Missionar zu sein. Ein jüdisches Sprichwort sagt: „Eine Mutter erreicht mehr als hundert Lehrer."

Das Wissen darum, dass ich Verantwortung trage, schüchtert mich regelmäßig ein. So oft sehe ich meine Unzulänglichkeit. Gedanken, dass andere Frauen so viel bessere Mamas sind, beschleichen mich immer wieder. Und ich muss sagen, dass es mich in Staunen versetzt, dass Gott mir trotz all meiner Fehler diese vier wertvollen Schätze anvertraut hat. Das ist pure Gnade. Da, wo ich mir selbst nicht genug zutraue, vertraut er mir. Da, wo ich mich klein fühle, überträgt er mir etwas Großes.

Aber bei all dem darf ich mich sicher in seinem Versprechen fühlen, dass ich nicht auf mich allein gestellt bin. Er sagt mir zu, dass er immer bei mir ist. Mit seiner Kraft. Mit seiner Geduld und Weisheit. Bis ans Ende der Zeit.

WARTE NICHT AUF
EINE BEDEUTSAME AUFGABE,
SONDERN MACHE
DEINE AUFGABE BEDEUTSAM!

Rick Warren

FOTOWÄNDE

Ich liebe Fotos. Und am meisten liebe ich Fotos von meinem Mann und meinen Kindern. Sie sind die Menschen, die ich über alles liebe. Wenn ich einen von ihnen auf einem Foto betrachte, dann bin ich glücklich. Ich werde daran erinnert, wie beschenkt ich mit ihnen bin.

Aus diesem Grund sind auch die Wände in unserem Haus mit Familienbildern über Familienbildern tapeziert. In nahezu jedem Raum kann ich dieselben fünf wundervollen Gesichter bestaunen. Regelmäßig halte ich in meinem Tag einen Moment inne, um diese Bilder bewusst zu betrachten. Ich erinnere mich an Gottes Liebe zu mir, die so groß ist, dass ich diese Menschen in meinem Leben haben darf. Ich werde neu dankbar für diese fünf Geschenke.

Wir Menschen brauchen Erinnerungen. Wir vergessen leider so schnell, womit wir beschenkt wurden. Gott weiß, dass wir so sind. Und aus diesem Grund sollen wir auch sichtbare Erinnerungen an ihn in unser Leben integrieren:

Höre, Israel! Der Herr ist unser Gott, der Herr und sonst keiner. Darum liebt ihn von ganzem Herzen, mit ganzem Willen und mit aller Kraft. Behaltet die Gebote im Gedächtnis, die ich euch heute verkünde! Prägt sie euren Kindern ein und sagt sie euch immer wieder vor – zu Hause und auf Reisen, wenn ihr euch schlafen legt und wenn ihr erwacht. Bindet sie euch zur ständigen Erinnerung an den Arm und auf die Stirn. Schreibt sie auf die Türpfosten eurer Häuser und auf die Tore eurer Städte
(5. Mose 6,4-9; GN).

Ich mag diese Bibelstelle sehr. Sie erinnert mich an meine Fotowände. Es ist, als würde Gott sagen: „Vergiss nicht, auch

Bilder von mir aufzuhängen, damit du dich immer an mich erinnern kannst!" Für meine Familie und mich Erinnerungen an Gott in den Alltag einzubauen, ist echt super. Und diese Erinnerungen können so unterschiedlich aussehen ...

Bete mit deinen Kindern

Voller Erwartung stürmte mein Sohn in den Supermarkt. Er rechnete so fest mit einer Gebetserhörung, dass mir schon etwas mulmig wurde. Was, wenn die heiß ersehnte Hose schon weg war?

Vor ein paar Tagen hatte ich im Supermarkt eine grüne Matschhose mit Sternchen entdeckt und für meinen großen Sohn gekauft. Und wie das so ist: Sein kleiner Bruder wollte natürlich auch so eine. Da die alten Matschhosen ihm auch langsam zu klein wurden, machte ich mich also mit ihm auf den Weg. Allerdings war ich mir nicht so sicher, ob wir fündig werden würden, da es schon beim letzten Mal nicht mehr viele Hosen gegeben hatte.

Im Auto beteten wir, dass Gott eine Hose für ihn bereithalten würde. Jetzt sah ich seinen Glauben. Und meine Bedenken. Aber was passierte? Da hing die Hose. Genau in seiner Größe. Er freute sich so sehr und erzählte hinterher allen, dass Gott aufgepasst hätte, dass niemand anderes diese Hose kaufen würde.

Ich mag es, mit meinen Kindern viel und für alles Mögliche zu beten. Ich wünsche mir, dass sie lernen, dass Gott immer und überall für sie da ist. Und dass ihm kein Gebet zu gering ist. Gebet kann (und sollte) ein wichtiges und wunderschönes Familienritual werden. Normalerweise beten kleine Kinder gerne. Sie mögen Rituale. Das gibt ihnen Sicherheit.

Auch die Kleinen können schon eigene Gebete beten. Manchmal sprechen wir ihnen ein Gebet vor, sodass sie es Wort für Wort nachsprechen können. Sogar unser noch nicht 2-jähriger

Sohn versucht schon, Gebete nachzusagen (so zuckersüß). Und immer wenn ihm das Gebet zu lange dauert, ruft er ein AMEN in die Runde – ein deutlicher Wink mit dem Zaunpfahl, dass jetzt wohl lange genug gebetet wurde. :-)

Es ist toll, wenn wir mit unseren Kindern Gebetserhörungen feiern und begeistert darüber sind. Es wird ihren Glauben sehr stärken, wenn sie den Zusammenhang zwischen ihren Gebeten und Gottes Handeln erkennen.

LIES DIE BIBEL UND ANDACHTSBÜCHER VOR

Eine super Möglichkeit, Gott immer wieder ins Spiel zu bringen, ist auch, als Familie gemeinsam die Bibel und ein Andachtsbuch zu lesen. Ich versuche morgens oder mittags nach dem Essen dazu zu kommen, aus einem Kinderandachtsbuch vorzulesen und mit den Kids noch darüber zu sprechen. Abends vor dem Schlafengehen lesen wir dann mit ihnen in der Bibel oder erzählen eine biblische Geschichte.

REDE VON GOTT

Das Leben ist rappelvoll von Gelegenheiten, die wir nutzen können, um unsere Kinder an Gott zu erinnern. Wir müssen nur sensibel dafür werden und bewusst nach Möglichkeiten Ausschau halten. Ich nutze gerne das Wetter, um meinen Kindern von Gott zu erzählen. Wenn es schneit, sage ich vielleicht so was wie: „Schaut mal, wie jede einzelne Schneeflocke aussieht! Gott sind nie die Ideen ausgegangen." Oder wenn es sehr windig ist: „Schaut mal, wie schnell die Wolken ziehen! Gott pustet ganz schön stark."

SEI KREATIV

Mein Mann ist der beste Bibelgeschichtenerzähler. Ich liebe es, ihm zusammen mit den Kindern zu lauschen, wenn er die spannenden Abenteuer von Jakob, Mose, Elia oder Jesus erzählt. Er hat die Gabe, diese Geschichten so real werden zu lassen, dass man das Gefühl hat, direkt dabei zu sein.

Einmal erzählte er von dem Fall von Jericho und benutzte dazu die Duplosteine unserer Kinder. Er baute die Mauern von Jericho und zeigte, wie die Duplomännchen, alias das Volk Israel, sieben Mal darumzogen, bis die Mauern einstürzten.

Es ist genial, wenn die biblischen Berichte so greifbar für Kinder erzählt werden.

PS: Das Internet kennt ein paar gute Ideen. ;-)

„Er ist wie ich!"

Einmal las ich eine wahre Geschichte über einen Pastor, der wegen seines Glaubens ins Gefängnis geworfen wurde. Dort wurde er besonders von einem Aufseher schlecht behandelt. Tag für Tag versuchte dieser ihm das Leben schwer und unerträglich zu machen. Allerdings fiel genau dieser Aufseher eines Tages selber in Ungnade und wurde ebenfalls hinter Gitter gebracht.

Wie man sich vorstellen kann, waren die Gefangenen nicht gerade herzlich zu ihrem ehemaligen Peiniger. Alle, bis auf eine Ausnahme. Der Pastor kümmerte sich liebevoll um seinen neuen Mitgefangenen, obwohl dieser ihn vorher so misshandelt hatte. Er teilte seine Essensration, seine Decke und seinen Glauben mit ihm. Ständig folgte er ihm und predigte das Evangelium.

Irgendwann konnte der ehemalige Aufseher das nicht mehr ertragen und wollte all dem ein Ende machen. „Es reicht!", rief er. „Ich kann dein Jesusgerede nicht mehr hören! Ich gebe dir genau noch einen Satz. Sage mir in diesem einen Satz, wie dein Jesus ist. Und danach will ich nie wieder etwas von ihm hören!" Ohne Zögern antwortete der Pastor: „Er ist wie ich." Die harten Züge des Mannes wichen und Tränen begannen seine Augen zu füllen. „Wenn er so ist wie du, dann bin ich bereit, ihm mein Leben zu geben!"

Schluck. Diese Geschichte hat mich zu Tränen gerührt. Und sie trifft mich jedes Mal neu, wenn ich darüber nachdenke. Sie erinnert mich daran, dass mein Leben jedem zeigen sollte, wie mein Jesus ist. Sie macht mich betroffen, weil ich feststelle, dass ich nicht sagen könnte: „Jesus ist wie ich." Ehrlich gesagt liegt leider oft ein himmelweiter Unterschied zwischen meinem Verhalten und seinem. Aber diese wahre Begebenheit macht eindeutig klar, was für eine Bedeutung mein Lebensstil hat. Es ist nicht egal, wie ich lebe. Es ist sogar sehr entscheidend. Andere sehen mich an und schließen von mir auf Jesus. Da sind meine Kinder keine Ausnahme.

Gerade weil du so ein großes Vorbild für deine Kinder bist, setze alles daran, selber in der Beziehung zu Jesus zu wachsen! Pflege deine Beziehung zu ihm! Mach dein Glaubensleben zu einer Priorität! Wie sonst solltest du deine Kinder dazu auffordern können? Wenn es dir wichtig ist, dass deine Kinder Jesus von Herzen nachfolgen und ihn lieben, dann beginne du damit, ihm von Herzen nachzufolgen und ihn zu lieben. Sei begeistert von Jesus! Dann sehen deine Kinder, dass es dein Ziel ist, wie Jesus zu werden, obwohl du es nicht bist.

Ich stelle immer wieder fest, dass meine Begeisterung und Freude über etwas auf meine Kinder überspringt. Wenn ich begeistert durchs Haus hüpfe (okay, das ist etwas übertrieben), dann hüpfen sie mir hinterher. Wenn sie meine echte Freude oder Liebe spüren, dann überträgt sich das. Genauso auch umgekehrt: Wenn sie meine Unzufriedenheit und meinen Missmut bemerken, dann werden sie auch von diesen Gefühlen angesteckt. Wenn sie aber meine tiefe Liebe zu Jesus sehen und die Freude, die ich mit ihm im Leben empfinde, dann werden sie mit Sicherheit neugierig werden.

Mein Leben spricht eine weitaus lautere Sprache als meine Worte. Was sagt mein Leben über meine Beziehung zu Jesus aus? Sehen meine Kinder, wie ich die Bibel lese? Sehen sie, wie ich bete? Für sie bete? Spüren sie, dass ich Jesus wirklich liebe und dass ich begeistert bin, an seiner Seite durchs Leben gehen zu dürfen? Oder gewinnen sie eher den Eindruck, dass ich nur meine „Pflicht" erfülle? Oder gar heuchle?

Wenn wir unseren Kindern beibringen möchten, dass die Liebe zu Jesus wichtiger ist als alles andere, dann müssen wir ihnen das nicht nur immer und immer wieder sagen, sondern wir müssen es leben. Sie müssen Tag für Tag sehen, dass wir lieber und häufiger zur Bibel greifen als zur Fernbedienung, dass wir eher mit Augenringen durch den ganzen Tag laufen, als einen Gottesdienst zu verpassen. Prägen wir unsere Kinder zum Guten oder zum Schlechten? Was leben wir ihnen vor? Was für ein Vorbild geben wir ab? Sind wir ein gutes oder ein schlechtes Beispiel? Können unsere Kleinen an uns ein Stück von Jesus erkennen? Weisen unsere Worte und Taten auf ihn hin?

Kinder merken ganz schnell, wo unsere Prioritäten liegen. Daraus leiten sie ab, was wichtig im Leben sein muss. Leben wir ihnen jeden Tag vor, dass Jesus das Wichtigste im Leben ist? Es ist superwichtig, dass wir unser eigenes Leben und unsere Verhaltensweisen regelmäßig unter die Lupe nehmen und darauf achten, uns alles abzugewöhnen, was unsere Kinder falsch prägen wird.

Vielleicht erscheint dir all das gerade etwas zu viel. Aber weißt du, was mich immer wieder ruhig macht, wenn es mir so geht? Das Wissen darum, dass ich nicht perfekt sein muss. Denn ich habe jemanden an meiner Seite, der perfekt ist. Der mir hilft. Der mich liebt. Wir müssen all das nicht aus eigener Kraft schaffen. Das ist unmöglich. Es geht nicht darum, unseren Kindern perfekte Eltern vorzustellen, sondern den perfekten Jesus.

Und ihn können wir auch bitten, uns zu zeigen, wo wir noch an uns arbeiten müssen. Wir dürfen uns von ihm verändern lassen, sodass wir ihm ähnlicher werden! Auch solche Gebete dürfen unsere Kinder miterleben. Wir müssen ja auch wachsen und uns entwickeln. Und das sollen sie mitbekommen. Sie sollen Gebete hören wie vielleicht: „Jesus, vergib mir! Ich war ungeduldig. Mach mich dir ähnlicher!" Er ist treu und wird diese Bitte gerne erfüllen. Vielleicht können wir dann auch einmal sagen: „Er ist wie ich ...!"

MUTTER IST DAS WORT
FÜR GOTT AUF DEN LIPPEN
UND IN DEN HERZEN
VON KLEINEN KINDERN.

William Makepeace Thackeray

Wunderschöne Augen

Ich schaue in deine kleinen und wunderschönen Augen. Ich sehe dein Strahlen. Deinen wachen Blick. Deine Neugierde. Du willst die Welt entdecken. Alles wissen und verstehen lernen. Es ist so besonders mitzuerleben, wie du groß wirst. Mehr verstehst. Ich bin so dankbar, dabei sein zu dürfen.

Ich schaue in deine kleinen und wunderschönen Augen. Ich sehe, wie du auch mich beobachtest. Wie du von mir lernst. Mich nachahmst. Manchmal ist es so witzig, das zu sehen. Wie du mit ernster Miene all meine Floskeln wiederholst und sie an passender oder unpassender Stelle einwirfst. Oder wie du in meinen Schuhen und Papis Jacke durch die Wohnung rutschst und mich angrinst.

Ich schaue in deine kleinen und wunderschönen Augen. Sie strahlen voller Stolz, wenn du mir zeigst, was du kannst. Weil du schon groß bist und kein Baby mehr. Ich wundere mich, woher du schon so viel kannst. Aber du siehst mir bei allem zu. Du lernst von mir. Du bist echt ein Wunder. Warst du nicht erst gestern dieses kleine Bündel in meinen Armen?

Ich schaue in deine kleinen und wunderschönen Augen. Und ich muss dir bekennen, dass sie mir manchmal Angst machen. Deine Augen beobachten mich den ganzen Tag. Sie sehen, was ich tue und was ich nicht tue. Du bekommst alles mit. Du kennst mich. Du weißt, dass ich nicht perfekt bin. Ich würde so gerne alles richtig machen. Ich wünsche mir so sehr, dass du nur Gutes von mir lernst. Aber leider bin ich dir häufig kein gutes Vorbild.

Ich schaue in deine kleinen und wunderschönen Augen. Und ich möchte dir sagen, dass es mir von Herzen leidtut, wenn du Dinge mitansehen musst, die du nicht sehen solltest. Es tut mir leid, dass du meinen Wutausbruch gesehen hast. Es tut mir leid, dass du mitbekommst, wenn ich genervt, überarbeitet und gestresst bin. Es tut mir so leid. Bitte vergib mir!

Ich schaue in deine kleinen und wunderschönen Augen. „Du bist der erste Gott, den deine Kinder kennenlernen!", habe ich mal irgendwo gelesen. Ich glaube, dass da einiges dran ist. Solange du noch klein bist, hast du ja noch gar kein Bild davon, wer dein himmlischer Vater ist. Aber du weißt genau, wer ich bin. Und du schließt von mir auf ihn. Als deine Mutter reflektiere ich dir, wie dein himmlischer Vater ist. Und ich habe Angst vor dem, was ich dir zeige. Habe Angst vor der Verantwortung. Welches Bild werfe ich auf Gott?

Ich schaue in deine kleinen und wunderschönen Augen. Ich wünsche mir nichts mehr, als dass du ihn durch mich erkennen kannst. Ich wünsche mir, dass ich so geduldig mit dir sein kann, wie er es mit dir und mir ist. Ich wünsche mir, dass ich so liebevoll mit dir sein kann, wie er es mit dir und mir ist. Ich wünsche mir, dass ich so barmherzig mit dir sein kann, wie er es mit dir und mir ist. Ich wünsche mir, dass ich dir helfen kann, Gott kennenzulernen.

Ich schaue in deine kleinen und wunderschönen Augen. Ich bete, dass sie unterscheiden lernen zwischen deiner irdischen Mutter und deinem himmlischen Vater. Er ist perfekt. Ich bin es nicht. Er liebt dich mit einer Liebe, an die meine innigsten Gefühle niemals heranreichen könnten. Ich werde immer Fehler machen, aber er ist fehlerlos. Aber ich bete auch, dass dein und mein himmlischer Vater mir hilft, dir die richtigen Dinge zu zeigen.

Ich liebe dich.

 # Big City Life

Ich liebe große Städte. Und Wolkenkratzer. Ich hatte das Vorrecht, einige Monate meines Lebens in New York zu verbringen, und ich habe es total geliebt. Big Citys wie New York haben einfach irgendwas. Sie faszinieren mich. Und ich finde: Richtig schön wird es, wenn man nachts an einer großen Stadt mit ihren vielen Lichtern vorbeifährt. Jedes Fenster strahlt einen an. Und sei es noch so klein. Es gibt das Licht weiter und verschönert den Anblick der ganzen Stadt. Ich glaube, Jesus dachte genau an so eine City, als er sagte:

„Ihr seid das Licht der Welt – wie eine Stadt auf einem Berg,
die in der Nacht hell erstrahlt, damit alle es sehen können.
Versteckt euer Licht nicht ..."
(Matthäus 5,14-15; NL).

Eine Stadt steht fest. Sie bewegt sich nicht. Man kann sie nicht eben mal so verschieben. Ihr Licht leuchtet da, wo sie erbaut wurde. Ihre Erbauer haben sich etwas dabei gedacht. Sie sollte genau da entstehen, wo sie jetzt ist, wo die Fundamente stimmen, wo sie strategisch gut liegt. Da soll sie leuchten. Sie scheint. Sie ist attraktiv und zieht Fremde an.

Ich denke, dass wir aus dieser Bibelstelle ein wichtiges Prinzip entnehmen können: Leuchte – wo du bist! Verstecke dich und dein Licht nicht. Alle Facetten deines Lebens sind Stadtteile deiner Lebensstadt, die für Jesus leuchten soll. Dazu gehören deine Familie, deine Ehe, deine Freunde, deine Arbeit, dein Wohnort, deine Gemeinde.

Und ein Teil dieser Stadt (ein ziemlich großer Teil sogar) ist dein Leben als Mama. Gott hat dich an diesen Platz gestellt. Er hat dich zur Mutter deiner Kinder gemacht, weil du genau da für ihn leuchten sollst. Genau du bist die Richtige dafür. Keine andere passt besser. Und auch niemand anderes könnte da für dich leuchten. Du hast eine einmalige, einzigartige Lebensstadt, wo nur du scheinen kannst.

Aber was kann ich mir unter „Leuchten" vorstellen? Was bedeutet das? Wie kann ich leuchten? Leuchten heißt: Gottes Liebe hineintragen. Andere so zu behandeln, wie Gott es tut. Ihnen Wertschätzung entgegenzubringen. Strahle dort die Liebe Gottes aus und hinein, wo du gerade bist. Leuchte für Jesus, wenn du dein Baby mitten in der Nacht stillst! Leuchte, wenn du deinem 4-Jährigen erklärst, wie das Wasser aus dem Wasserhahn fließen kann! Leuchte, wenn du wieder einmal im Chaos versinkst!

Trage die Liebe Gottes da hinein, wo du bist. Diene den Menschen, die dich umgeben. Du musst nicht erst in ferne Länder reisen, Krankenhäuser aufsuchen oder in Altenheime gehen, um Menschen zu finden, die deine Liebe dringend brauchen. Du hast sie direkt vor deiner Nase. Deine Familie braucht dich. Deine Kinder sehnen sich nach deiner Liebe wie sonst niemand auf diesem Planeten.

Und du musst auch nicht erst jemand anderes werden. Gott kann und will dich gebrauchen, so wie du bist: als Mama. Das ist etwas, was mich unheimlich fasziniert. Das mir bewusst macht, wie bedeutungsvoll das ist, was ich tue: dass ich für ihn in meiner kleinen Welt scheinen darf.

Ich möchte dir gerne eine Frage stellen: Wie kannst du heute, da wo du bist, für Jesus leuchten? Wie kannst du andere mit Liebe überschütten, so wie Jesus dich mit Liebe überschüttet? Wie kannst du durch dein Licht das Leben deiner Lieben verschönern und wie eine Stadt im Dunkeln scheinen?

Wie wär's mit einer kleinen Liebesbekundung für den Allerliebsten? Eine SMS oder WhatsApp-Nachricht ist so schnell geschickt und kann den (vielleicht nicht so schönen) Arbeitsalltag deines Mannes kurz aufleuchten lassen. Oder das Lieblingsessen für die Kinder kochen. Oder ein Eis essen gehen. Sag ihnen, dass du sie über alles liebst und ihnen deshalb den Tag versüßen möchtest. Und welche Mami stattet der Eisdiele nicht auch gerne einen Besuch ab? ;-) Warum nicht mal heute das Familienleben erhellen?

DENKE DARAN,
DASS EGAL WIE UNFÄHIG
DU DICH FÜHLEN MAGST,
GOTT GENAU DICH DAZU
BERUFEN HAT, DEINE KINDER
ZU IHM ZU FÜHREN.
WENN DU IHN BITTEST,
DICH DAZU AUSZURÜSTEN
UND ZU LEITEN, DANN WIRD ER DICH
MIT ALLER WEISHEIT, KREATIVITÄT UND
SORGFALT AUSRÜSTEN, DIE DU BRAUCHST,
UM DIE HERZEN DEINER KINDER
AUF JESUS HINZUWEISEN.

Leslie Ludy

Von Grenzen und Möglichkeiten

Meine Liebe,

ich weiß, dass dir deine Verantwortung manchmal über den Kopf wächst. Das kann ich verstehen. Du trägst auch eine Menge. Bist sehr fleißig und hingegeben. Aber weißt du, genau darum geht es mir. Ich möchte deine Last erleichtern. Dir alles abnehmen, was dich bedrückt.

Du bist nicht für alles verantwortlich. Ja, du bist sehr wichtig, aber nicht für alles verantwortlich. Dein Einsatz, deine Worte, dein Vorbild zählen eine Menge und deine Kinder werden auch stark davon beeinflusst. Aber letztlich bin ich derjenige, der ihre kleinen Herzen berührt. Und sie sind diejenigen, die sich für mich entscheiden müssen.

Dein Einfluss ist groß, aber nicht unbegrenzt. Und dieses Wissen darf dich total ruhig machen. Es muss dir keine Angst einjagen. Denn ich bin an keine Grenzen gebunden. Und ich liebe deine Kinder mehr, als du dir jemals vorstellen könntest. Ich liebe sie so sehr, dass ich bereit war, für sie zu sterben.

Glaube mir, ich werde ihnen nachgehen, selbst dann, wenn du es nicht mehr kannst. Ich werde zu ihnen sprechen, selbst dann, wenn sie deine Stimme nicht mehr hören. Ich werde mich ihnen zu erkennen geben, selbst dann, wenn sie dich nicht mehr sehen. Ich bin da. Ich bin für sie da. So wie für dich. Vergiss das nie!

Dennoch ist alles, was du bist, sagst und tust, von Bedeutung. Denn du hast einen großen Einfluss auf deine Kinder. Wahrscheinlich den größten menschlichen Einfluss. Nutze ihn und nimm deine Aufgabe und Verantwortung ernst. Lass dich davon motivieren, aber nicht erdrücken.

Und immer, wenn dir alles zu viel wird, komm zu mir! Ich werde dir Ruhe geben. Nimm meine Flügel und flieg. Nimm meine Liebe und entspann dich.

Ich liebe dich über alles.
Und ich liebe deine Kinder über alles.

Dein Vater im Himmel

2

Nähe

AUF JESUS AUSRICHTEN

Von Gott geküsst

Ich drücke ihnen noch einen dicken Kuss auf die Stirn. Einen Kuss, in den ich alle meine Gefühle hineinpacken will. Der sie die ganze Nacht noch mit meiner Liebe umhüllen soll. Ich kann mich kaum losreißen und bestaune still diese kleinen Wunder. Diese Augen. Diese Münder. Diese kleinen Händchen. Ich bin einfach nur hin und weg. Ich kann gar nicht sagen, wie sehr ich sie liebe. Meine Kinder.

Aber was flüsterst du mir da zu? Leise Worte, die dennoch tiefer dringen als der lauteste Schrei: „Ich liebe dich noch mehr." Noch mehr? Wie soll das gehen? Meine Liebe reicht doch schon bis zum Anschlag. „Du bist mein Kind. Und ich liebe dich mit der vollkommensten Liebe. Weil ich die Liebe bin. Schau in dieses bezaubernde kleine Gesicht. Und glaube mir, dass ich dich genauso bezaubernd finde.

Du bist meine wundervolle Tochter. Genieße das Gefühl, auch Kind sein zu dürfen. Genieße meine Liebe. So wie deine Kleinen sie genießen und darin aufblühen. Ich möchte, dass auch du aufblühst. Dich entfaltest. Dich fallen lässt. Und dich von mir küssen lässt. Ich gebe dir meinen Kuss voller Gefühle. Einen Kuss, der dich im oft herausfordernden Alltag mit meiner Liebe umhüllt. Der durchträgt. Selbst dann, wenn es hart, kalt und lieblos um dich herum wird."

Ein überwältigendes Gefühl durchdringt mich. Ich bin geliebt. Überreich geliebt. Ich habe jemanden, bei dem ich mich fallen lassen kann. Wo ich wieder ein kleines Mädchen sein darf. Einen Ort der Sicherheit. Der Geborgenheit.

Ich möchte meine Liebesgeschichte mit Jesus in vollen Zügen genießen. Mich jeden Tag von ihm küssen lassen.

Ergreife auch du seine Hand und erlebe, wie er dir zärtlich und stürmisch zugleich seinen innigen Kuss aufdrückt!

Seelenfutter

Die Stimmung im Hause Löwen ist nicht die Beste. Besonders die männlichen Familienmitglieder sind etwas ... wie soll ich sagen ... nennen wir es: gereizt. Man könnte annehmen, etwas Schwerwiegendes sei geschehen (wie ein brüderlicher Streit um das beliebteste Auto oder eine ins Haus geflatterte Rechnung). Aber nichts dergleichen. Alles ist eigentlich in bester Ordnung. Warum also dieser gleichzeitige (recht plötzliche) Stimmungswandel bei meinen vier Männern?

Um ehrlich zu sein, brauche ich ziemlich lang, um das zu begreifen. Die Sache ist so simpel, dass ich sie mir kaum vorstellen kann: Meine Männer haben einfach nur HUNGER! Das ist alles. So einfach. Ich habe mich etwas mit dem Kochen verspätet und das ist nun das Ergebnis: ein hungriger und damit unzufriedener Mann und drei hungrige und dadurch anstrengende Söhne. Man glaubt es kaum.

Früher dachte ich, dass ich in solchen Situationen wer weiß was für klärende Gespräche führen und ermutigende Sätze schwingen müsste. Doch das hat das Kochen noch weiter hinausgezögert und die Stimmung nur noch mehr vermiest. Mittlerweile habe ich gelernt, dass ich einfach so schnell wie möglich etwas auf den Tisch stellen muss, und voilà: Ich hab wieder eine happy Family!

Essen kann Wunder bewirken. Wir brauchen Nahrung, damit wir belastbar und gut gelaunt sind. Es tut uns nicht gut, über längere Zeit darauf zu verzichten. Das ist uns allen klar. Aber wie sieht es mit unserer geistlichen Nahrung aus? Wie nehmen wir unsere seelischen Vitamine ein? Wie oft gönnen wir uns eine vollwertige Mahlzeit? Sind wir da auf Dauerdiät?

Bei Jesus finden wir die Kraft, um unseren Alltag zu bewältigen. Die Sache ist nur die, dass wir dazu auch zu ihm kommen müssen. Wir müssen unsere Essenszeiten einhalten, um nicht unterernährt auf der Strecke zu bleiben. Wenn wir uns von Jesus abschneiden, dann berauben wir uns selbst unserer Kraft – und der Lebensquelle für alles. Ohne ihn können wir nichts tun! Jesus warnt uns davor, uns von ihm zu entfernen, da dann ein fruchtloses Leben das Resultat ist:

„Bleibt in mir, und ich werde in euch bleiben.
Denn eine Rebe kann keine Frucht tragen, wenn sie vom Weinstock abgetrennt wird, und auch ihr könnt nicht, wenn ihr von mir getrennt seid, Frucht hervorbringen.
Ich bin der Weinstock; ihr seid die Reben.
Wer in mir bleibt und ich in ihm, wird viel Frucht bringen.
Denn getrennt von mir könnt ihr nichts tun"
(Johannes 15,4-5; NL).

Es ist ein fataler Fehler, wenn wir meinen, keine Zeit für die Pflege unserer Beziehung mit Jesus zu haben. Damit nehmen wir uns selbst unser Lebenselixier. Jesus ist die Quelle unserer Kraft. Und das Loch, das durch mangelnde verbrachte Zeit mit ihm entsteht, ist durch nichts anderes zu füllen. Ich werde in meinem Leben nie das volle Potenzial erreichen, wenn ich mich von Gottes Kraft entferne. Wie jemand, der über lange Zeit keine Nahrung zu sich nimmt, zu keinen großen Leistungen mehr fähig ist, werde auch ich keine großen Sprünge mehr machen können, wenn ich meine geistliche Nahrung auf Sparflamme halte.

Ich glaube, ich kenne keine Mama, die nicht in irgendeiner Weise vor diesem Problem steht. Das Problem heißt: keine Zeit für Gott. Wir Mamas sind den ganzen Tag über mit so vielen Dingen beschäftigt, dass wir uns allen Ernstes fragen, wie es nur irgendwie möglich sein kann, in unseren sowieso schon platzenden Tagesplan noch so was wie Gebet und Bibellesen reinzuquetschen. Ist man nicht von morgens bis abends irgendwo mit irgendwas beschäftigt?

Häufig kommt es vor, dass meine Kinder bereits lange vor mir wach sind und auf dem Elternbett herumtoben, um ihre übermüdete Mami mit den dicken Augenringen davon zu überzeugen, dass jetzt die beste Zeit ist, um aus dem Bett zu springen und eine Kissenschlacht zu machen. Wenn ich mich dann doch irgendwann aus meinen kuscheligen Federn quäle und ins Bad schlurfe, werde ich von einem Berg von Arbeit überrollt: Das Bad muss dringend mal wieder geputzt werden, die Handtücher gewaschen, in der Küche wartet bereits der Spülberg und meine Kinder haben keine frischen Socken mehr ...

Ganz ehrlich, in solchen Momenten überkommt mich nicht gerade das Gefühl, Zeit für ausgedehnte Gebetszeiten und Bibelstudien zu haben. Geht es dir auch manchmal so? Eigentlich würdest du so gerne mal wieder die Bibel aufschlagen. Eigentlich würdest du so gerne mal wieder Gott dein Herz ausschütten. Aber wann? Willkommen im Mamazeitproblem! Du bist in guter Gesellschaft ...

Heißt das jetzt, dass wir Mamis uns damit abfinden müssen, ein lausiges bis gar kein Gebetsleben zu haben? Immerhin scheint unsere To-do-Liste uns das entgegenzubrüllen. Ich weiß, dass dein Tag als Mami mehr als rappelvoll ist. Aber glaube nicht der Lüge, dass du auf Zeit mit Gott verzichten kannst, ohne davon Schaden zu erleiden. Doch das Gute ist: Ich bin überzeugt davon, dass es Hoffnung gibt. Ich bin überzeugt davon, dass es auch in einem vollgestopften Mamaalltag möglich ist, eine innige Beziehung mit Jesus zu genießen.

Es könnte sein, dass du das jetzt nicht gerne hörst, aber du hast genug Zeit zum Lesen deiner Bibel! Wenn du so viel machst, dass keine Zeit für Jesus bleibt, dann machst du mehr, als du kannst oder sollst. Gott wird dir nie so viele Aufgaben geben, dass du dadurch keine ungeteilte Zeit mehr für ihn hast. Die Zeit für ihn geht ihm über alles. Nichts, was du sonst an guten Dingen tust, kann die Gemeinschaft mit ihm aufwiegen. Du bist dazu geschaffen worden, Gemeinschaft mit Gott zu haben. Das ist dein Lebensziel.

Die Frage ist weniger, ob du die Zeit für Gott hast. Die Frage ist, ob du dir die Zeit für ihn nimmst.

Liebe Mami, mache die Zeit mit Jesus unbedingt zu einer Priorität! Die unguten Auswirkungen sind sonst – über kurz oder lang – schwerwiegend.

Auf einen Kaffee?

Meine Liebste,

wie geht es dir heute? Magst du mir davon erzählen?

Ja, du hast recht – ich weiß ganz genau, wie es dir geht. Ich kenne dich und muss nicht erst warten, bis du mir davon erzählst. Aber ich liebe es, es von dir, mit deinen Worten zu hören. Ich liebe es, wenn du mir dein Herz ausschüttest.

Es geht mir da so wie dir. Du liebst es doch auch, wenn dein Mann seine tiefsten Gefühle mit dir teilt. Oder eine Freundin sich dir öffnet. Und du liebst es selbst dann, wenn sie dir nichts Neues mehr erzählen. Wenn du eigentlich alles schon weißt.

Es geht dir nicht um die Informationen. Es geht dir um die Nähe, die Beziehung.

Genauso ist es auch bei mir. Ich liebe die Nähe zu dir. Das vertraute Gespräch. Wenn du mir Dinge erzählst, die du niemandem sonst anvertrauen würdest.

Durch ein Pläuschchen bei einer guten Tasse Kaffee kann so manches passieren. Wie viele Freundschaften sind schon dadurch entstanden? Hast du nicht sogar ein paar deiner besten Freundinnen auf diese Art gewonnen? Sie waren dir zwar sympathisch, aber wirklich gekannt hattet ihr euch vorher noch nicht. Aber etwas Erstaunliches ist geschehen, als ihr so in diesem süßen Café an dem kleinen runden Tisch zusammengesessen und euren Latte geschlürft habt. Lachen. Austausch.

Vertrauen. Nähe. Weinen. Freundschaft. Sie sind dir wichtig geworden. Sie sind zu einem Teil deines Lebens geworden.

Kannst du dir vorstellen, was passieren kann, wenn wir uns auf ein Kaffeepläuschchen treffen? Wenn wir zusammen an diesem runden Tisch in dem schnuckeligen Café sitzen? Etwas Erstaunliches wird geschehen. Ich werde dir wichtig werden. Ich werde zu einem Teil deines Lebens werden. Warum ich nur von dir spreche? Ganz einfach: weil du mir schon über die Maßen wichtig bist. Weil du bereits ein Teil von mir bist.

Wir werden zusammen lachen. Uns austauschen. Vertrauen und Nähe werden entstehen. Du wirst meine Nähe fühlen und dich an meiner Schulter ausweinen können. Eine tiefe Freundschaft wird uns verbinden.

Wenn du dir noch nicht so sicher bist, dann probiere es doch einfach mal! Organisiere dir einen Babysitter, schnapp dir deine Bibel und komm in das süße Café mit dem runden Tisch. Ich halte dir gerne den Platz neben mir frei.

Und wenn das nicht klappt, dann lass es uns doch während der Mittagspause, wenn die Kinder schlafen, auf der Couch gemütlich machen. Oder abends, wenn sie im Bett sind. (Dein Cappuccino ist sowieso besser als der Latte im Café. ;-))

Glaube mir, du brauchst diese Auszeiten! Und nichts wird dich mehr erfrischen und stärken als diese Treffen mit mir.

Also, wie wär's? Hast du gerade Zeit? Können wir uns auf einen Kaffee treffen?

Dein dich liebender Vater

DU BIST GOTTES LIEBE
AUF DEN ERSTEN BLICK.

Theo Lehmann

Zeiträuber #1

Auch auf die Gefahr hin, mich hier zum Buhmann zu machen, möchte ich gerne ein paar klassische Zeiträuber entlarven. Das sind Dinge, die meine kostbare Zeit mit Jesus verhindern, wenn ich nicht aufpasse. Es kann sein, dass es bei dir andere Dinge sind, die deine Zeit für und mit Gott blockieren. Ich glaube, du weißt sehr genau, von welchen ich rede. ;-) Und wenn du dir unsicher bist, dann bitte Gott, dir zu zeigen, wo du kürzen kannst. Er wird dir deine Augen dafür öffnen.

Ich weiß, dass es nicht leicht ist, seine Gewohnheiten zu ändern. Hier ist eine ordentliche Portion Starksein gefragt. Aber das Wunderbare ist, dass wir Jesus auch darum bitten können. Ich glaube, er wird dir gerne helfen, Disziplin in dein Leben zu bringen, damit du mehr Zeit für ihn hast.

Soziale Netzwerke

Ich merke, dass ich schnell Zeit verliere, wenn ich mich nicht ordentlich diszipliniere. Und da ich Freundschaften und Kontakte mit anderen total liebe, stellen die sozialen Netzwerke für mich echt eine Herausforderung dar. Es ist ja auch toll, dass man durch Smartphones und Apps so schnell und einfach am Leben anderer teilhaben kann. Aber ich merke eben auch, dass ich Gefahr laufe, zu viel Zeit in diese Informationen zu stecken, anstatt ganz da zu sein, wo ich gerade bin.

Wie viel Zeit deines Tages nutzt du für Facebook? Was wäre, wenn du diese Zeit um die Hälfte kürzt? (Das wird mit Sicherheit reichen, um die wichtigen Kontakte zu pflegen. Und ganz im Ernst: Interessiert es dich wirklich, was XY heute wieder gefrühstückt hat?) Die Zeit, die du dadurch gewinnst, hättest du auf einmal frei für Gott.

Oder wie sieht es mit E-Mails oder WhatsApp aus? So praktisch es ist, ständig in Kontakt sein zu können, die Sache hat auch einen Haken. Wie schnell ist man dabei, mal eben zu checken, ob So-und-so schon geantwortet hat und ob das Treffen der Krabbelgruppe jetzt wirklich am Donnerstagvormittag stattfinden wird. Dieses „mal eben schnell" frisst unglaublich viel Zeit. Viel mehr, als man meint. Nicht dass ich dafür bin, diese App oder deinen Mailaccount zu löschen, aber vielleicht solltest du neu darüber nachdenken, wie du diese Dinge nutzt. In den meisten Fällen geht die Welt nicht davon unter, wenn du die Nachricht ein paar Stunden später liest. Vielleicht wäre es eine Möglichkeit, wenn du dir feste Zeiten dafür überlegst – zum Beispiel dreimal am Tag für zehn Minuten? Auf diese Weise könntest du wieder etwas Zeit für Wichtigeres aufsparen.

INTERNET

Ist es nicht unglaublich, wie schnell die Zeit verfliegt, wenn man ein bisschen im Internet surft? Man hat das Gefühl, gerade erst losgelegt zu haben, und dann sind schon 40 Minuten vorbei. (Warum kann die Zeit beim Bügeln nicht auch mal so schnell vergehen?) Ich bin regelmäßig überrascht, wenn ich feststelle, wie viel Zeit ich gerade wieder einmal im Netz verbracht habe, obwohl ich doch nur mal kurz nach einer neuen Rezeptidee stöbern wollte.

Wie viel Zeit nutzt du zum Surfen? Ideen bei Pinterest sammeln (ich liebe es ;-D), im H&M-Onlineshop und in anderen Klamottenshops stöbern, Mamikreisel nach neuen Gummistiefeln für die Kinder durchforsten, Blogs lesen, YouTube-Videos schauen? Was auch immer du gerne online machst, wie viel Zeit geht dabei drauf?

Nicht, dass diese Dinge an sich falsch wären. Die Frage ist nur: Wie viel deiner kostbaren Zeit gibst du dafür? Wie wäre es, wenn du auch hier gut die Hälfte der Zeit, die du dafür nutzt, streichst und sie stattdessen für die Pflege deiner Gottesbeziehung verwendest?

DU WIRST NIE BEGREIFEN,
DASS JESUS ALLES IST,
WAS DU BRAUCHST,
BIS ER ALLES IST, WAS DU HAST.

Corrie ten Boom

FERNSEHEN UND FILME

Ein ganz großes Thema in diesem Zusammenhang sind auch Fernsehen und Filme. Es ist echt erschreckend, wenn man sich die vielen Studien über das Fernsehverhalten einmal anschaut. Wenn man ihnen Glauben schenkt, dann verbringen viel zu viele Menschen viel zu viel Zeit vor dem (viel zu großen :-)) Bildschirm. Auch Mamis.

Und auch hier gilt: Fernsehen ist ja nicht zwingend falsch (wobei es in jedem Fall eine ganze Menge gibt, was man sich NICHT anschauen sollte, weil es einem schadet). Aber zu viel fernsehen ist auf jeden Fall falsch. Ich glaube, dass es (neben Smartphones) kaum etwas gibt, was unseren Beziehungen mehr Zeit raubt als der Fernseher. Das gilt für die Beziehungen zu unseren Familien (in wie vielen Familien hört man nicht ständig das Fernsehgedudel im Hintergrund ...), aber auch für unsere Beziehung zu Gott.

Ist man nicht häufig viel schneller dabei, sich abends mit einem Film auf das Sofa zu kuscheln als mit seiner Bibel? Aber ich habe festgestellt, dass es sich total auszahlt, wenn man es auch anders macht. Es gibt nichts, was einen mehr erholen lässt als Zeit in Gottes Gegenwart.

Früher haben wir häufig abends Filme gesehen, um irgendwie runterzukommen und zu entspannen. Doch mit der Zeit haben wir festgestellt, dass wir uns viel besser erholen und auftanken, wenn wir in die Beziehung zu Jesus investieren. Jetzt nutzen mein Mann und ich die Abendstunden schon mal gerne, um uns gemeinsam online gute Predigten anzuschauen oder interessante christliche Bücher zu lesen. Natürlich ist auch mal der ein oder andere Film dran, aber wir versuchen auf jeden Fall darauf zu achten, dass nicht zu viel Zeit dabei draufgeht. Es ist uns wichtig, die wichtigste aller Beziehungen zu pflegen.

GESCHÄFTIGKEIT

Bist du auch ständig in Bewegung? Wenn ich zum Beispiel in unser Zimmer gehe, um etwas zu holen, dann sehe ich erschrocken, dass das Bett noch nicht gemacht ist und dass sich schon wieder ein großer Berg an Kleidung angesammelt hat, der wieder in den Schrank oder in den Wäschekorb einsortiert werden müsste. Dann stelle ich fest, dass der Wäschekorb bald explodiert, also entleere ich ihn in unseren Waschkeller. Hmm, eigentlich könnte ich ja auch gleich mal eine Wäsche anwerfen. Ups, das Waschmittel ist alle. Also schnell alte Packung in den gelben Sack und Waschmittel auf den Einkaufszettel schreiben. Ach ja, der gelbe Sack müsste auch mal wieder rausgebracht werden. Stimmt, und was wollte ich denn noch eigentlich alles einkaufen? Vielleicht sollte ich mal schnell ein Kochbuch holen und einen Essensplan für die neue Woche machen ... Und schwupps: Ich renne wie ein aufgescheuchtes Huhn durch das Haus.

Ich muss gestehen, dass ich leider viel häufiger einer Martha gleiche als einer Maria. Kennst du die kurze Geschichte aus der Bibel (Lukas 10,38–42)? Obwohl ich so gerne eine Maria sein möchte, die Jesus zu Füßen sitzt und an seinen Lippen klebt, bin ich leider eher eine beschäftigte Martha, die durch die Küche wirbelt, um alles „noch schnell" zu erledigen, und damit kostbare Zeit mit Jesus versäumt.

Geht es dir auch manchmal so? Ich bin so froh, dass Jesus so liebevoll mit den Marthas umgeht und sie in Liebe darauf hinweist, dass sie durch ihre Geschäftigkeit das Wichtigste verpassen: Zeit mit ihm. Wir Marthas sollten dringend lernen, einfach mal still zu sitzen, die Arbeit Arbeit sein zu lassen und die Zeit mit ihm in vollen Zügen zu genießen.

SCHLAFGEWOHNHEITEN

Tja, und so unangenehm es ist, aber man sollte sich auch mal seine Schlafgewohnheiten ansehen. Ich merke, dass das häufig ein Knackpunkt bei mir ist. Wenn ich abends zu spät ins Bett gehe, dann fällt es mir umso schwerer, mich morgens aufzuraffen und meine Bibel zu lesen und zu beten.

Dasselbe gilt für die Zeit, wenn meine Kinder Mittagspause machen. Die Müdigkeit ist immer noch da und ich mache auch lieber schnell die Augen zu. Und selbst abends, wenn sie im Bett sind, erschwert mir noch die Müdigkeit meine Zeit mit Gott.

Es ist also praktisch egal, wann ich mir für Gott Zeit nehmen möchte, die Müdigkeit ist ein Dauerproblem. Immerhin weiß ich, dass es mir leichter fällt, wenn ich versuche, abends nicht zu spät ins Bett zu gehen. Und eigentlich muss man sich ja nur einmal aufraffen. Ist es nicht so, dass man meistens ganz zufrieden ist, wenn man erst einmal im Bett liegt und sich unter die Decke kuscheln kann? ;-)

Schnullergebete

Neben den Zeitproblemen gibt es noch eine Sache, die einem innigen Gebetsleben im Weg steht – auch wenn es vielleicht schwerfällt, sich das einzugestehen. Der Knackpunkt ist, dass viele von uns manchmal nicht wirklich davon überzeugt sind, dass Gebet etwas verändert. Dass das Beten tatsächlich eine Lösung für meine Probleme ist und nicht nur fromme Floskeln.

„Da hilft nur noch beten!", hört man oft. Ehrlich gesagt mag ich diese Redewendung nicht. Wieso? Weil ich die Aussage falsch finde. Was hier deutlich wird, ist nämlich genau die genannte Überzeugung: Gebet ist keine wirkliche Lösung. Es bringt nichts. Erst wenn man mit seinem Latein am Ende ist und sowieso schon halb aufgegeben hat, dann kann man es mal versuchen. Kann ja nicht schaden, oder? Ist das nicht die Einstellung, die wir dahinter finden?

Einer meiner Lieblingstexte in der Bibel zum Thema Gebet macht deutlich, was für eine Power eigentlich darin steckt:

Das Gebet eines gerechten Menschen hat große Macht
und kann viel bewirken. Elia war ein Mensch wie wir,
doch als er darum betete, dass kein Regen fallen sollte, reg-
nete es dreieinhalb Jahre lang nicht auf der Erde!
Dann betete er um Regen, und es regnete vom Himmel
(Jakobus 5,16-18; NL).

Die Geschichte dazu kann man in 1. Könige 17,1 und 18,41-45 nachlesen. Was ich an diesen Versen so liebe, ist der Hinweis: „Elia war ein Mensch wie wir." Gott weiß genau, wie schnell wir ins Zweifeln kommen, wenn es um Gebet und unerklärliche Dinge geht. Er weiß, wie schnell wir all die biblischen Berichte über Gebetserhörungen unter der Rubrik „So was passiert heute nicht mehr" oder „Ich bin ja auch nicht so ein Superchrist wie Paulus, Petrus & Co." verbuchen. Aber all die Menschen, die unglaubliche Dinge mit Gott erlebten, waren genau solche Menschen wie wir. Sie waren keine Übermenschen, auf die Gott besonders gehört hätte. Ihre Erlebnisse mit Gott sollen unseren Glauben stärken.

Gebet versetzt immer noch Berge. Ein Grund, warum wir so wenig Gebetserhörungen erleben, ist einfach, weil wir nicht beten! Ich frage mich, was wir alles schon verpasst haben, weil wir nicht gebetet haben. Jakobus schreibt:

> *Ihr seid neidisch auf das, was andere haben,*
> *und könnt es nicht bekommen; also kämpft*
> *und streitet ihr, um es ihnen wegzunehmen.*
> *Doch euch fehlt das, was ihr so gerne wollt,*
> *weil ihr Gott nicht darum bittet*
> *(Jakobus 4,2; NL).*

Also, ich muss schon etwas schlucken, wenn ich diesen Vers lese. Einmal weil mir bewusst wird, dass mir eine Menge durch die Lappen geht, einfach nur weil ich Gebet versäumt habe. Dann aber auch, weil dieser Satz eine riesige Hoffnung in mir weckt. Ich darf Gott bitten. Und er gibt gerne. Ich bin ihm wichtig. Und auch meine Anliegen sind ihm wichtig.

Es gibt zwei Dinge, die mir sehr dabei helfen, mein Vertrauen ins Gebet zu stärken:

Bete konkret!

Je konkreter ich für etwas bete, desto mehr kann auch mein Glaube gestärkt werden. Häufig erkennen wir Gottes Antwort auf unser Gebet einfach deshalb nicht, weil wir viel zu schwammig in unseren Formulierungen sind. Es ist ja schön und gut, für den Weltfrieden zu beten, aber wie willst du die Erhörung deines Gebetes wahrnehmen können? Wie wäre es, stattdessen konkret dafür zu beten, dass deine Kinder sich nicht immer beim Abendessen zanken oder du besser mit der Erzieherin im Kindergarten klarkommst? Das wären Dinge, die leichter sichtbar sind. Situationen, wo du wirklich erkennen kannst, was Gott aufgrund deiner Gebete verändert.

Als meine Tochter noch sehr klein war, wollte sie einfach keinen Schnuller nehmen. Für mich ein Drama. Ich bin ein bekennender Schnulliverfechter. Wie oft mich dieses kleine Plastikteil schon gerettet hat, kann ich gar nicht sagen. In heiklen Situationen, Gottesdiensten oder einfach nur vor dem Nervenzusammenbruch. Aber meine Tochter konnte diesem Ding einfach nichts abgewinnen. Also begann ich einfach dafür zu beten. Schon irgendwie verrückt.

Aber was noch verrückter war: Gott erhörte mein Gebet. Bereits kurz darauf entdeckte meine Tochter ihre Schnullerliebe. Ich war gerührt.

GLAUBE, DASS DU IHM WICHTIG BIST!

Was ist das für ein Gott, der auf mein (eigentlich gar nicht so wichtiges) Schnullergebet eingeht? Ich würde sagen: ein Gott, der überschwänglich und verschwenderisch liebt. Dem ich unendlich wichtig bin.

Manchmal traue ich mich kaum, für kleine Dinge zu beten, weil ich denke, dass ich Gott doch nicht mit so etwas „Unwichtigem" nerven kann. Stellst du dir Gott auch manchmal als jemanden vor, der so viel zu tun hat, dass man ihn nicht mit persönlichem Kleinkram von den wirklich großen Dingen wie dem Schutz vor Kriegen, Naturkatastrophen oder Ähnlichem abhalten darf?

Dabei ist nichts ferner als das. Unser himmlischer Vater ist ein persönlicher und fürsorglicher Gott, der sich für dich und deine kleine Welt interessiert. Du bist ihm wichtig. Du darfst dein Herz vor ihm ausschütten. Er hört.

WENN ICH BETE,
GESCHEHEN MERKWÜRDIGE ZUFÄLLE.
WENN ICH AUFHÖRE ZU BETEN,
HÖREN ZUFÄLLIG AUCH DIE ZUFÄLLE AUF!

William Temple

Date Time

Die Zeit, die wir mit Gott verbringen, muss nicht immer nach Schema F ablaufen. Deiner Fantasie sind praktisch keine Grenzen gesetzt. Gott liebt die Vielfalt. Nur weil deine Freundin ihre Zeit mit Gott immer *so* plant, heißt das noch lange nicht, dass du es auch *so* machen musst, um Gott zu begegnen. Gott hat dich einzigartig geschaffen und er liebt dieses Besondere an dir. Versuche nicht andere zu kopieren, sondern entdecke deinen persönlichen Zugang zu Gott. Aber selbst dieser muss nicht immer gleich bleiben. Warum nicht mal was Neues ausprobieren?

Um dich zu inspirieren, habe ich ein paar Freundinnen gefragt, ob sie mit dir teilen würden, wie sie gerne ihre Zeit mit Gott verbringen. Und ich bin begeistert von dem vielfältigen Ergebnis – ein „bunter Strauß" voller toller Wege, Jesus zu begegnen. Vielleicht ist ja die eine oder andere Idee für dich dabei? Übrigens, wie wär's, wenn du auch deine Freundinnen fragst, welche Schritte sie gehen, um Gott zu begegnen? Erfahrungen auszutauschen, macht richtig Spaß.

„Meistens beginne ich den Tag, indem ich morgens meine Bibelapp nutze. Ich lese den kurzen Tagesvers, und wenn ich noch Zeit und Lust habe, auch noch die komplette Bibelstelle dazu. Abends bin ich einfach zu platt, um noch Stille Zeit zu machen. Morgens in aller Frühe, wenn noch alle schlafen, ist für mich die beste Zeit des Tages. Dazu kommt natürlich eine Tasse Kaffee. Es gibt nichts Besseres."
Michaela

„Gerade probiere ich das Tageszeitengebet aus. Ich habe darüber in dem Buch ,Glaubensriesen – Seelenzwerge?' von Pete Scazzero gelesen. Man betet zu bestimmten Zeiten des Tages (zum Beispiel

der Bibel und suche eine Verbindung zwischen meiner Andachtsgeschichte, dem Bibeltext, meinem Leben und dem, was mich und meine Familie momentan beschäftigt. Meine Ergebnisse und die wichtigsten Verse oder das, was mir nahegeht, schreibe ich in ein Tagebuch (ein Kalender mit vielen Zeilen für jeden Tag). So habe ich eine Erinnerung daran, was mich an dem Tag beschäftigt und wie mich Gott begleitet hat.

Meine ‚laute Zeit‘ mit Gott habe ich, wenn die Kinder draußen spielen oder mein Mann sie irgendwohin mitnimmt. Seit Neuestem machen wir sie endlich auch zusammen! Wir singen am Klavier Lobpreis aus voller Kehle und haben gemeinsam Spaß. Ganz oft fragen die Kinder, was mit den Liedern gemeint ist, und wenn ich ihnen die Bedeutung erklärt habe, beten wir noch miteinander.“

Alwina

Ehemänner & Ohrwürmer

In den letzten Tagen hatte ich einen ständigen Begleiter. Am Anfang fand ich seine Gegenwart ja noch ganz lustig, aber irgendwann ging er mir ziemlich auf den Keks. Er war schon da, wenn ich aufwachte, er begleitete mich praktisch den ganzen Tag und nervte auch noch am Abend, wenn ich mich wieder in mein Bett kuschelte. Es war mein Ohrwurm.

Wir alle kennen diese Spezies. Es sind eingängige Melodien, die uns nicht mehr aus dem Kopf gehen wollen. Wenn es ein schönes Lied ist, dann ist es ja noch erträglich, wenn aber nicht, dann kann es einen verrückt machen. Ich hatte also letztens die Ehre, von einem Kinderlied, das wir in der Krabbelgruppe gesungen hatten, verfolgt zu werden.

Kinderlieder sind ja bekanntlich besonders gute Ohrwürmer. Den ganzen Tag drückte also in meinem Kopf jemand diese Playtaste und ich hörte in der Dauerschleife: „Badubadu badu badu badubadu badu badu badu ..." Ätzend!

Irgendwie musste ich an diesen Ohrwurm denken, als ich über folgenden Vers gestolpert bin, und begann, darüber nachzudenken:

„Hört nicht auf zu beten"
(1. Thessalonicher 5,17; NL).

Hört nicht auf zu beten? Wie soll das denn gehen? Lieber Paulus, verbring mal einen Tag mit kleinen Kindern und dann reden wir noch mal! Hab erst mal eine Ahnung von meinem Tagesablauf und dann wollen wir sehen, ob du immer noch so große Töne mit lebensfremden Anforderungen spuckst.

Ist das nicht irgendwie das Erste, was man bei solchen Worten denkt? Trotzdem muss ich zugeben, dass ich diesen Vers nicht einfach unter der Rubrik „unrealistisch" beiseiteschieben und vergessen kann. Er steht in Gottes Wort und hat dadurch Autorität. Dieser Vers hat mir etwas zu sagen. Die Frage ist nur: Was?

Eigentlich sollte man ja davon ausgehen, dass er mir genau das sagen will, was er tut, nämlich ständig im Gebet zu bleiben. Aber wie kann das möglich sein? Es ist mit Sicherheit nicht möglich, den ganzen Tag in der Stille zu verbringen und zu beten. Da sind wir uns, denke ich, alle einig. Aber was meint der Vers dann?

Mir scheint, dass die meisten von uns (mich eingeschlossen) in ihrer Vorstellung etwas zu festgefahren sind, wenn es um das Thema Gebet geht. Was wäre, wenn Gott im Gegensatz zu uns eben nicht findet, dass Gebet immer mit Einsamkeit, Stille und Händefalten zu tun haben muss? Was wäre, wenn das nur eine Form von vielen ist? Was wäre, wenn Gebet auch mit Trubel, Lautstärke, einem vollen Tagesplan und kleinen Kindern, die um einen wirbeln, möglich ist? Was wäre, wenn Gott Gebet so ganz anders sieht, als wir es tun?

„Gebet ist ein Dialog zwischen zwei Personen, die sich lieben."
Rosalind Rinker

Ich liebe diese Definition von Gebet. Ich glaube, dass dadurch viel klarer wird, worum es beim Beten geht. Es ist eine Beziehung, die wir pflegen. Unsere Beziehung zu Gott. Es ist ein Austausch mit einer geliebten Person. Und ein solcher Austausch muss nicht immer gleich aussehen.

Mein Mann und ich gestalten unsere Gespräche ja auch nicht immer gleich. Nein, Gespräche können immer entstehen. Manche sind tiefer gehend und andere oberflächlich, einige kurz, andere lang. Aber das ist natürlich und auch in Ordnung. Vielleicht sollten wir anfangen, unsere Gespräche mit Gott in einem ähnlichen Licht zu betrachten. Der Tag besteht aus unterschiedlichen Situationen. Dann können auch unsere Gebete unterschiedlich aussehen, oder?

Mein Mann und ich lieben es, wenn wir Zeit haben, uns gemütlich auf das Sofa zu kuscheln, einen Kaffee zu trinken und zu reden. Manchmal ist es aber auch einfach nur ein liebevoller Blick oder ein kleines Grinsen, das wir uns im Trubel einer großen Familienfeier zuwerfen. In wieder anderen Augenblicken genießen wir einfach nur die Gegenwart des anderen. Wir sind glücklich, beieinander zu sein. Und in diesen Momenten braucht es auch keine Worte.

Gott sehnt sich nach einer solchen Intimität mit uns. Er verlangt keine zwanghaften Rituale, in denen wir unser Sprüchlein aufsagen. Er möchte Authentizität. Das, was echt ist. Das, was uns durch den Kopf geht. Was wir fühlen. Gebet kann so unterschiedlich sein. Kein Moment gleicht dem anderen. Warum sollten dann unsere Gebete immer gleich sein?

Wie in der Ehe haben wir manchmal Zeit für ausgedehnte Gespräche mit unserem Herrn. Manchmal ist es nur ein Schrei um Hilfe oder ein fragender Blick nach oben. Und dann gibt es die Momente, in denen wir einfach nur seine Gegenwart genießen.

Unablässiges Gebet ist möglich, wenn wir es den unterschiedlichen Situationen anpassen. Das bedeutet, Gott in meine unterschiedlichen Situationen einzubeziehen. Ihn einzuladen, dabei zu sein. Mit ihm zu rechnen. Ihn reden zu lassen. Ihn auch reinreden zu lassen. Es ist wie mit dem Ohrwurm, bei dem unablässig dasselbe Lied in meinem Kopf dudelt. Gottes Gegenwart summt in meinem Kopf. Sie singt ein schönes Lied. Ich kann mir unablässig die Gegenwart Gottes bewusst machen. Das Wissen um seine Nähe begleitet mich den ganzen Tag.

So kann ich die Beziehung zu ihm genießen, egal wie die Situation gerade ist.

Pray, pray, pray

Um dich auch beim Thema Gebet mit ein paar Ideen zu versorgen, findest du hier einige Vorschläge, die das Gebetsleben auffrischen und mit ein bisschen Abwechslung bereichern können. Viel Spaß beim Ausprobieren. :-)

Gebetstagebuch

Ich nutze sehr gerne mein Gebetstagebuch. Das ist einfach ein Notizbuch, in das ich meine Gebete und meine Gebetsanliegen schreibe. Dieses Buch hilft mir sehr, bei der Sache zu bleiben und mich nicht so schnell von allem Möglichen ablenken zu lassen. Meine Gebete festzuhalten, hat etwas von Briefeschreiben. Und auch hier geht es ja um die Pflege einer wichtigen Beziehung.

Ich schätze es sehr, später durch meine alten Gebetstagebücher zu blättern. Es ist unglaublich, wenn ich auf einmal feststelle, dass Gott so viel mehr Gebete beantwortet hat, als ich dachte. Ob man es glaubt oder nicht: Man vergisst die meisten Gebetserhörungen, wenn man nicht irgendwo schwarz auf weiß nachlesen kann, worum man ihn gebeten hatte.

Gebetsspaziergang

Eine wunderbare Gebetsmöglichkeit für Mamas ist auch der Gebetsspaziergang. Während dein Baby im Kinderwagen liegt oder deine Größeren nebenherlaufen oder mit ihren Laufrädern und Fahrrädern fahren, kannst du mit Jesus sprechen. Natürlich wirst du unterbrochen werden, wenn deine Kleinen dir etwas erzählen oder zeigen wollen, aber das ist ja kein Problem. Immerhin kannst du zwischendurch mal ein paar Worte mit deinem Herrn wechseln, bevor du die nächste Ameise bestaunst oder dich wunderst, wie aus Stöcken Schwerter, Motorräder und Pferde werden können.

LOBPREISMUSIK

Ich liebe Musik! Sie war für mich schon immer ein entscheidender Begegnungsweg mit Gott. Egal ob ich mich selbst ans Klavier oder an die Gitarre setze oder ob ich einfach einer CD lausche. Ich liebe es, die Augen zu schließen, mich auf Gott auszurichten und einfach nur die Schönheit der Musik zu genießen.

STILLE

Ja, manchmal ist das Gespräch zwischen zwei Liebenden einfach ein Schweigen. Das stille Genießen der Gegenwart des anderen. So auch bei Jesus. Setz dich doch zu ihm. Du musst nicht immer etwas sagen. Genieße es doch einfach, seine Geliebte zu sein. Freu dich an dem Bewusstsein, dass er da ist und für dich sorgt. Das kannst du zu jeder Zeit des Tages tun – auch dann, wenn deine Kinder um dich herumwuseln.

POPCORNGEBETE

Jeder kennt sie, diese kleinen kurzen Sätze, die man Gott hin und wieder mal zuruft. „Hilf mir!", „Beschütze ihn!", „Segne sie!" oder „Danke!" sind typische Popcorngebete, die Gott entgegenspringen wie Maiskörner, die im Topf explodieren und zu Popcorn werden. Überschütte Gott mit diesen vielen kleinen Gesprächen. Er wird sich darüber so freuen wie du über eine Schüssel frisches Popcorn …

GEMEINSAMES GEBET

Mit anderen gemeinsam zu beten, ist eine wunderbare Möglichkeit, sich auf Gott auszurichten. Und das kann man auch schon mit kleinen Kindern zusammen tun. Auch wenn sie sich nur für 15 Sekunden konzentrieren können. Warum nicht viele kleine gemeinsame Gebete am Tag? So lernen unsere Kinder schon früh, wie wichtig und schön das ständige Reden mit Gott ist.

Wir nutzen dafür gern irgendwelche sichtbaren Anlässe. Wenn zum Beispiel ein Krankenwagen mit Blaulicht vorbeifährt (der dann sowieso die volle Aufmerksamkeit meiner Jungs hat), beten wir für die Menschen, denen es jetzt schlecht geht und die diesen Krankenwagen brauchen, denn Gott kann sie gesund machen. Wenn wir eine schöne Blume entdecken und die Kinder begeistert daran riechen, dann danken wir Gott zusammen dafür, dass er unsere Welt so schön gemacht hat. Wenn wir den Mond sehen, danken wir, dass Gottes Liebe weiter reicht als bis zum Mond und zurück. Wenn man Augen und Ohren offen hält, findet man im Alltag viele kleine Gebetsmöglichkeiten.

ICH GLAUBE,
DASS DIE ZEIT,
DIE WIR ALLEINE MIT
GOTT VERBRINGEN,
DAS BESTE GESCHENK IST,
DAS WIR UNS SELBST
MACHEN KÖNNEN.

Joyce Meyer

Oasen des Alltags

Wir brauchen Pausen. Ob wir es wahrhaben wollen oder nicht: Du und ich, WIR BRAUCHEN PAUSEN! Und das gilt auch für die Supermoms unter uns. Wir können nicht immer powern. Wir können nicht immer alles geben. Wir können auch nicht immer und überall präsent sein. Unsere Kräfte sind begrenzt. Wir brauchen Regeneration.

Sich für andere einzusetzen und ihnen zu dienen und zu helfen, erfordert enorm viel Kraft und Selbstaufgabe. Und das ist genau das, was eine Mama jeden Tag macht. Das zehrt an unseren Kräften.

Wir müssen lernen, verantwortungsbewusst mit uns selbst umzugehen. Wir sind für uns und unseren Körper verantwortlich. Wir müssen weise sein und uns Ruhe gönnen, damit wir nicht ausbrennen. Wir müssen lernen zu erkennen, wann wir eine Pause brauchen. Und wir müssen lernen, sie dann auch zu nehmen.

Was das Schwierigste dabei ist: Wir müssen uns und anderen eingestehen, dass wir jetzt eine Auszeit brauchen. Das kann ganz schön am Stolz kratzen und ist nicht so einfach. Aber es ist notwendig. Gott hat kein Interesse daran, dass du ein Burnout bekommst. Er möchte nicht, dass du bis zum Umfallen schuftest. Niemand hat einen Nutzen davon, wenn du von den Kindern, von deinem Mann, von der Welt und von Gott genervt bist, am allerwenigsten du, weil du völlig fertig bist. Alle profitieren davon, wenn du erholt, motiviert, gut gelaunt und voller Tatendrang bist.

Ich habe festgestellt, dass es keinen besseren Weg zur Entspannung gibt, als Zeit in Gottes Gegenwart zu verbringen. Nur bei ihm finden wir wirkliche Ruhe. Jesus selbst lädt uns zu sich ein, um Ruhe und Rast zu bekommen. Nur bei ihm können wir wirklich mal „runterkommen". Nur bei ihm können wir auftanken. Alles andere, was uns Erholung verspricht, ist lediglich eine Nachahmung des Originals.

Bevor ich jetzt falsch verstanden werde: Damit will ich nicht sagen, dass wir uns nicht auch durch andere Dinge erholen können. Ein gutes Buch lesen. Ein entspanntes Telefonat mit der besten Freundin. Ein Schaumbad bei Kerzenschein. Und besonders Schlaf. Das alles sind wundervolle Dinge, die wir genießen dürfen und auch sollen.

Was ich meine, ist, dass all diese Dinge dennoch nicht an die Entspannung heranreichen, die wir bei Gott erhalten. Weder Shoppengehen noch Fernsehen noch im Internet Surfen können das bewirken. Warum? Ganz einfach: Gott hat Entspannung und Ruhe erfunden. Selbst wenn wir sie auch woanders finden – wo kann sie intensiver sein als beim Erfinder selbst?

Der Herr ist mein Hirte, ich habe alles, was ich brauche.
Er lässt mich in grünen Tälern ausruhen,
er führt mich zum frischen Wasser. Er gibt mir Kraft
(Psalm 23,1-3; NL).

Was kann es für ein Schaf Besseres geben als frisches Wasser und saftiges Gras? Das sind genau die Dinge, die es braucht, um zu neuen Kräften zu kommen. Um wieder fit für die nächste Wanderung zum nächsten grünen Tal zu sein.

Genau das ist es auch, was wir erleben dürfen, wenn wir uns von unserem himmlischen Hirten leiten lassen. Wir werden gestärkt für die nächste Wanderung. Die nächste Runde in unserem Mamaleben. Die nächste schlaflose Nacht. Den nächsten vollen Tag. Jesus ist der gute Hirte, der uns zu all dem führt, was wir brauchen. Er lässt uns in grünen Tälern ausruhen, wo frisches Wasser fließt, und stärkt uns. Wenn wir zu ihm kommen, werden wir gesättigt. Nur bei Gott gibt es das wahre quellfrische Wasser und das grüne Gras.

Ich starte jeden Tag gerne mit einer ausgedehnten Zeit mit

Gott. Ich versuche früher aufzustehen als meine Kinder. Zusammen mit meiner Bibel, meinem Gebetstagebuch und natürlich einer großen Tasse Latte kuschel ich mich dann auf unser Sofa oder noch einmal in mein Bett. Und dann genieße ich die Zeit in Gottes Gegenwart. Das Ausrichten auf ihn. Das Lesen in seinem Wort. Den Austausch. Das Gebet. (Und natürlich die himmlische Ruhe!) All das rüstet mich aus für einen neuen langen Tag voller Action, To-dos und Verantwortung. Bei ihm finde ich in diesen Morgenstunden die Kraft, all meinen Herausforderungen zu begegnen. Ich erlebe jeden Morgen neu, dass er wirklich der gute Hirte ist, der mich an frisches Wasser und saftiges Gras führt. Der mich mit dem beschenkt, was ich brauche.

Ich gebe zu, dass es nicht einfach ist, sich früh aus dem Bett zu quälen. Aber es ist es so was von wert. Und es ist wirklich faszinierend: Diese Zeit mit Gott schenkt mir mehr Erholung als 90 Minuten Schlaf mehr. Ich fühle mich viel fitter und ausgeruhter, als wenn ich mich doch fürs länger Schlafen entscheide und die Zeit mit Gott ausfallen lasse. Es ist, als ob ich mehr Kraft zur Verfügung habe, mehr Ruhe habe, mir die Aufgaben leichter und schneller von der Hand gehen und ich mehr Freude empfinde.

Ich kann das kaum erklären. Es ist ein Wunder. Ein Wunder, das ich nicht mehr missen möchte. Ein Wunder, zu dem wir alle eingeladen sind. Und je mehr ich von Gottes Wasser trinke und von seinem Gras esse, desto weniger komme ich in Versuchung, meinen Wecker zu ignorieren. Warum? Weil ich weiß, was mich erwartet. Dieses morgendliche Date mit meinem Herrn ist zur Lieblingszeit meines Tages geworden. Es ist etwas, das ich nicht verpassen möchte. Meine tägliche Oase eben.

Liebe Mami, gönn dir deine Oasen des Alltags. Du brauchst sie. Du musst dich regenerieren, damit du wieder ganz für andere da sein kannst. Pausen zu nehmen, hat nichts mit einem Egotrip zu tun, sondern mit weiser Kraftaufteilung. Genieße ein Päuschen auf dem Sofa, ein Mittagsschläfchen, wenn deine

Kinder gerade alleine spielen, oder nimm dir mal einen Abend „frei", um mit deiner Freundin ins Café zu gehen.

Aber gönn dir auf jeden Fall die wirklichen und unverfälschten Oasen des Alltags. Komm zur Ruhe bei deinem Schöpfer. Genieße die Zeit in Gottes Gegenwart. Sie ist sehr kostbar. Und du wirst feststellen, dass es nirgends schöner und entspannter ist ...

Die Liebe meines Lebens

... *So würde ich dich gerne immer nennen können.* Würde dich so gerne mit all meinen Liebesbekundungen überschütten. Aber leider ist das nicht immer die Realität. Ehrlich gesagt ist es sogar ziemlich selten Realität. Leider. Und wenn ich so richtig ehrlich bin, dann muss ich bekennen, dass meine Liebe meistens anderen gilt: meinem Mann, meinen Kindern, meinen Freunden, meinem Haus, meiner Deko, meinem Kleiderschrank, meiner neuen Handtasche und den farblich passenden Stiefeln und dann natürlich mir ... denn eigentlich drehe ich mich ja schon recht viel um mich. Und das tut mir leid. Denn eigentlich wünsche ich mir nichts mehr, als dass ich dich ehrlich die Liebe meines Lebens nennen kann.

... So würde ich dich gerne immer nennen können. Würde dich so gerne mit all meinen Liebesbekundungen überschütten. Und das von Herzen. Total ehrlich gemeint. Ich wünsche mir, dass meine Augen vor Begeisterung strahlen, wenn ich von dir spreche. Dass ich gar nicht anders kann, als von dir zu erzählen. Ich wünsche mir, dass ich ganz erfüllt sein kann von dir. Dass du in mir sichtbar bist. Wünsche mir, dass ich Tag und Nacht an dich denke, so wie damals, als sich meine menschliche Liebesgeschichte zu formen begann. Damals hatte ich nur Augen und Ohren für den einen. Nichts konnte mich ablenken. Und das möchte ich wieder erleben. Mit dir. Lass mich nur Augen und Ohren für dich haben. Für die wahre Liebe meines Lebens.

... So würde ich dich gerne immer nennen können. Würde dich so gerne mit all meinen Liebesbekundungen überschütten. Aber so oft bin ich abgelenkt. Bitte schenk mir Veränderung.

Entferne alles von mir, was unserer Liebe im Weg steht. Schenk mir Liebe für dein Wort! Du hast mir diesen einzigartigen und ungewöhnlichen Liebesbrief geschrieben. Hilf mir, ihn auch als solchen zu begreifen. Lass mich deine tiefe Liebe zu mir verstehen, die du mir auf jeder Seite beweist. Hilf mir, deinen Liebesbrief in freudiger Erwartung zu lesen. So wie ich die Liebesbriefe meines Mannes verschlungen habe. Hilf mir, deinen wunderschönen Liebesbrief an mich immer und immer wieder zu lesen, denn du bist die wahre Liebe meines Lebens.

... So würde ich dich gerne immer nennen können. Würde dich so gerne mit all meinen Liebesbekundungen überschütten. Ich danke dir von Herzen, dass du mich nicht verlässt, weil ich dich nicht so lieben kann wie du mich. Deine Liebe zu mir kennt keine Grenzen. Du bist immer für mich da. Gabst alles für mich. Ich hingegen tue mich schon schwer, nur ein paar Stunden Schlaf zu opfern, um für dich da zu sein. Oder meinen Roman zur Seite zu legen und den Fernseher auszuschalten. So oft versage ich, aber du bleibst mir treu. So oft stelle ich dich irgendwo ganz hinten an. Und dennoch bleibst du da. Lässt mich nicht allein. Was für eine Liebe. Ich kann nur staunen. Und ich bin dir so dankbar dafür. Dankbar, dass ich die wahre Liebe deines Lebens sein darf.

... So rufst du mich täglich. Du sagst, du würdest mich so gerne mit all deinen Liebesbekundungen überschütten. Du hältst so viel mehr für mich bereit, als ich je erahnen könnte. Du willst mir alles geben, was ich brauche. Und noch mehr. Du möchtest mich daran erinnern, dass es nichts gibt, was mehr zählt als unsere Liebe. Dafür bin ich geschaffen worden. Jeden Trost, jede Ermutigung, jede Wahrheit, jede Richtungsweisung finde ich nur bei dir. Alles, was ich tun muss, ist, zu dir zu kommen. Und still zu werden. Auf dich zu warten. Auf dich zu hören. Deine Gegenwart zu genießen. Herr, ziehe mich zu dir und lass nicht zu, dass ich mich von dir entferne! Hilf mir, nichts mehr

zu suchen als dich! Denn dann wirst du dich von mir finden lassen. Hilf mir in meiner Schwäche, damit du wirklich die wahre
Liebe meines Lebens wirst!

schönheit

TIEFER BLICKEN

LIEBESBRIEFE

An meine wunderschöne Tochter,

die leider so oft vergisst, dass sie wunderschön ist. Die sich so leicht verunsichern lässt. Die so schnell auf andere schielt. Und dabei die Schönheit übersieht, die ich in sie hineingelegt habe.

Öffne meine Liebesbriefe. Lass dich neu von mir ermutigen. Trösten. Bewundern. Und fühle meine Liebe. Meine Begeisterung für dich. Du bist bezaubernd. Denn du bist meine Tochter.

Ich habe etwas Einzigartiges in dich hineingelegt. Etwas, das nur du besitzt. Nichts kann dir diese Schönheit nehmen, weil ich sie dir verleihe. Und ich bin ewig.

Komm zu mir, meine Tochter, und lass dir von mir sagen, wie wundervoll du bist! Du bist mein. Und ich liebe dich.

Öffne deine Augen. Sieh die Schönheit in deinem Leben. Ich habe dich reich beschenkt. Dir so viel Gutes gegeben. Denn ich bin gut und alle meine Geschenke sind gut und perfekt. Übersieh die vielen Kostbarkeiten nicht, die ich für dich bereithalte. Vielleicht siehst du sie nicht sofort. Aber es lohnt sich, mal eine andere Perspektive einzunehmen. Manchmal braucht es nicht viel und die Welt sieht auf einmal ganz anders aus.

Ich schmücke jede Mutter mit einer besonderen Schönheit. Anders als du vielleicht denkst. Und ich verziere ihr Leben auf meine Weise. So anders als du dir vielleicht vorstellen kannst.

Lass dich überraschen!

Dein himmlischer Vater

DER HERR,
DEIN STARKER GOTT,
DER RETTER, IST BEI DIR.
BEGEISTERT FREUT
ER SICH AN DIR.
VOR LIEBE IST ER SPRACHLOS
ERGRIFFEN UND JAUCHZT DOCH
MIT LAUTEN JUBELRUFEN
ÜBER DICH.
Zefanja 3,17; NL

mommy world's Next Topmodel

Wie macht sie das nur? Wie kann sie nach so kurzer Zeit schon wieder so aussehen? Ihr Baby ist doch noch so klein. Aber ihrer Figur nach wirkt es, als ob sie nie eins gekriegt hätte. Als ich sie darauf anspreche, zwitschert sie mir ein enthusiastisches „Ach, ich hab gar nichts dafür gemacht. Ich hatte schon nach zwei Wochen wieder mein normales Gewicht" zu. Danke bestens. Jetzt fühle ich mich gleich noch mal um fünf Kilo schwerer.

Ich kann dir gar nicht sagen, wie oft ich mich schon in solchen oberfrustigen Gesprächen wiedergefunden habe. Manchmal kam es mir so vor, als ob fast alle Mamis um mich herum optisch bereits ein paar Monate nach der Geburt wieder top in Form wären. Im Rückbildungskurs bewegten andere Mütter ihre athletischen Körper neben mir, die praktisch gar nicht mehr an eine Schwangerschaft erinnerten. In Krabbelgruppen, auf Spielplätzen und eigentlich auch sonst überall begegneten mir diese Mamimodels.

Ich hingegen musste echten Mut aufbringen, in den Spiegel zu schauen oder auf die Waage zu steigen. Eine Schwangerschaft plus Stillzeit brachte mir alle vier Male viele zusätzliche Kilos. Ganz großes Kino. Und der Spaß ging leider nicht von alleine wieder weg, sondern wollte mit aller Disziplin abgespeckt werden. Noch größeres Kino.

Ich muss gestehen, dass ich in diesen Zeiten viel zu oft von einem ungewollten Gefühl überrollt wurde. Es schlich sich einfach so in meine Gedanken. Und machte es sich dort bequem. Es blieb. Es war jedes Mal ein Kampf, diesen ungebetenen Gast wieder loszuwerden. Und kaum schien er aus dem Haus, dauerte es nicht mehr lange und er war wieder da: der Neid.

Sosehr ich mich auch dagegen wehrte, ich hatte immer und immer wieder damit zu kämpfen. Ich war selbst so unzufrieden. Fühlte mich so unwohl in meiner Haut. Ich wollte wieder in meine Kleidung passen. Diese Jeans, die immer so gut saß. Und dieses Hammerkleid. Ich hatte mich so toll darin gefühlt. Jetzt passte ich nicht mehr hinein. Ich beneidete all die Frauen, die mir begeistert davon erzählten, dass sie schon wieder in all ihre Lieblingsteile passten. Und das drei Monate nach der Geburt.

Ich fühlte mich so ungerecht behandelt. Es war nicht so, dass ich gefuttert hätte wie irre (oder für zwei, wie viele so oberwitzig anmerken). Mein Problem war eher, dass ich in der Stillzeit an Gewicht zunahm, wo die meisten abnahmen. Es war, als bliebe alles an mir kleben. Kein langsames Purzeln der Kilos, wie viele immer behaupten. Ich fand das so unfair. Warum reagierte mein Körper so anders? Schwupps, da war er wieder: der Neid.

Kannst du dich hier wiederfinden? Vielleicht hast auch du das ein oder andere Kleid im Schrank hängen, das du so gerne mal wieder anziehen würdest, das aber leider sitzt wie die Pelle an der Wurst. Vielleicht kennst auch du den Neid nur zu gut. Dieses blöde Gefühl, das dich überkommt, wenn du wieder einmal eine Modelmami ihren Kinderwagen schieben siehst.

Vielleicht ist das Thema Gewicht und Figur aber auch gar nicht dein Problem. Vielleicht siehst du nach außen hin sogar schon wieder hammer aus. Aber du selbst siehst das, was anderen gar nicht auffällt. Und das bereitet dir ebenfalls Kummer. Vielleicht sind es all die Schwangerschaftsstreifen. Du fühlst dich wie ein Zebra und denkst, dass du dich nie wieder im Bikini blicken lassen kannst. Wenn du mit Kleidung in der Krabbelgruppe sitzt, erhältst du achtungsvolle Blicke. Alle bestaunen deine Superfigur. Du selber denkst allerdings: „Wenn ihr wüsstet, wie meine Haut aussieht." Wenn du in der Dusche an dir runterschaust, steigen dir die Tränen in die Augen. Und das Schlimmste: Du weißt genau, dass diese Streifen dich nie wieder verlassen werden. Und dann wünschst du dir, lieber 15 Kilo nacheinander abspecken zu müssen, als für den Rest deines Lebens mit so einer gebrandmarkten Haut rumzulaufen. Gedanken wie: „Könnte ich nur mit dieser Mami tauschen …" sind auch dir nicht fremd. Neid.

Vielleicht ist dein Problem aber auch deine Gesundheit. Was würdest du nur darum geben, wieder einmal Trampolin springen zu können, ohne … (na ja, wir wissen alle Bescheid, oder, Mamis?). Du bist gehemmt, herzhaft und ausgelassen zu lachen, aus Angst, ein paar Tröpfchen zu verlieren. Über das Thema „Rektusdiastase" willst du erst recht nicht nachdenken. Auch da bist du auf einmal körperlich eingeschränkt, weil sich innerlich nicht alles so zurückgebildet hat, wie es sollte. Du leidest unter dem Gefühl, nicht mehr ganz „normal" zu funktionieren. Dir sind diese Nebensächlichkeiten wie da 6 Kilos zu viel oder hier 10 Streifen ziemlich schnuppe. Du möchtest dich wieder gesund fühlen.

Liebe Mami, ich glaube, es gibt keine unter uns, die nicht in irgendeiner Form mit den körperlichen Folgen von Schwangerschaft und Geburt zu kämpfen hat. Es ist eben einfach so, dass das Kinderkriegen nicht spurlos am Körper einer Frau vorübergeht. (Auch wenn wir uns das alle so innig wünschen.) Sind wir deshalb nun dazu verdammt, ewig mit unserem Körper unglücklich zu sein, uns unwohl zu fühlen und nie wieder ins Schwimmbad zu gehen? Soll das wirklich das Los jeder Frau sein, die Mama geworden ist? Und muss es so sein, dass wir uns alle gegenseitig beneiden und davon ausgehen, dass alle anderen besser dran sind?

Es wäre übertrieben, wenn ich behaupten würde, jetzt keine Probleme mehr mit dem Thema Neid und Vergleichen zu haben. Auch jetzt findet der Neid hier und da mal ein offenes Türchen in mein Herz. Aber Neid ist Sünde. Neid bringt Leid! Neid und damit Sünde muss vor Jesus bekannt und aus unserem Leben verbannt werden. Ich habe im Laufe der Zeit ein paar Dinge gelernt, die mir helfen, dem Neid keinen Raum zu geben. Einige Gedanken, die mir helfen, besser mit der Ist-Situation umzugehen (dass ich nämlich immer noch nicht in mein Lieblingskleid passe).

Ich bin überzeugt davon, dass Gottes Plan für uns Mamis schön ist. Dass er uns nicht durch unsere Kinder die Schönheit nehmen wollte, sondern dass er uns durch unsere Kinder Schönheit verleiht. Vielleicht müssen wir einfach nur lernen, tiefer zu blicken ...

Lebensspenderin

Meine Schöne,

es gibt etwas, das mich sehr traurig macht. Etwas, über das ich gerne mit dir reden würde. Es bricht mir das Herz, wenn ich mitansehe, wie unglücklich und unzufrieden du mit deinem Körper bist. Ich weiß, dass es dir noch nie besonders leicht gefallen ist anzunehmen, wie ich dich gemacht habe. Aber jetzt, nachdem du Mama geworden bist, ist es noch schwieriger geworden, richtig? Bitte nimm dir einen Augenblick Zeit, um mir zuzuhören. Ich möchte dir gerne die Dinge einmal aus einem anderen Blickwinkel zeigen. Dir helfen, tiefer zu blicken.

Dein Körper ist ein Wunder. Ich habe ihn mit viel Liebe entworfen und einzigartig geschaffen. Ich habe ihn mir ähnlich gemacht. Ich bin der Lebensspender. Alles Leben entsteht durch mich. Ich bin der Ursprung des Lebens. Und ich habe mir etwas Besonderes ausgedacht, als ich dich als Frau ins Leben gerufen habe. Du solltest etwas von meinem Wesen widerspiegeln. Du trägst eine unglaubliche Fähigkeit in dir. Dein Körper ist fähig, Leben weiterzugeben. Ich habe auch dich als Lebensspenderin geschaffen. Sieh die Schönheit und Bedeutung: Du hast Leben geschenkt. Wie ich.

Dein Körper trägt nun sichtbare Zeichen und erinnert dich daran, dass du Leben weitergegeben hast. Dass du deinen Kindern ihr Leben geschenkt hast. Ich weiß, dass dich diese Zeichen nicht besonders glücklich machen. Aber hast du schon einmal darüber nachgedacht, dass auch mein Sohn Jesus sichtbare Zeichen an seinem Körper trägt, die ihn daran erinnern, dass er Leben geschenkt hat, dass er dir und so vielen weiteren Menschen ewiges Leben geschenkt hat? Seine Hände und Füße sind durchbohrt. Seine Seite ist gekennzeichnet von einem Lanzenstich. Diese Zeichen erinnern dich und ihn an seine Vergebung und Lebensspende. Seine Narben sind Zeichen seiner unendlichen Liebe zu dir. Und weil er dich über die Maßen liebt, sind die Erinnerungen an deine Erlösung etwas Wunderschönes.

Auch du trägst Male an deinem Körper, die dich immer an deine Kinder und an deine Liebe zu ihnen erinnern werden. Sie sind wie ein Tattoo von deinen Kindern, die du liebst. Liebende schreiben ihre Namen überall hin. Manche tätowieren sie auf ihre eigene Haut. Die Special Effects an deinem Körper sind Schriftzüge deiner Liebe zu deinen Kindern. Sieh die Schönheit und Bedeutung: Du hast Leben geschenkt. Wie ich.

Die Gesellschaft, in der du lebst, hat ziemlich seltsame und verdrehte Gedanken zu äußerer Schönheit: Der Körper eines Mädchens mit vielleicht 17 Jahren wird als sexy schlechthin verkauft. Der Körper einer erwachsenen Frau, die ein Kind zur Welt gebracht hat, hingegen nicht. Aber sollte es nicht eigentlich genau anders herum sein?

Lass dich nicht von diesen falschen, irreführenden Gedanken verunsichern. Du verlierst deine Attraktivität und Weiblichkeit nicht durch Schwangerschaft, Geburt und Stillen. Du erhöhst sie. Du erhöhst deine Attraktivität, weil dein Körper beweist, dass du hingegeben für einen anderen Menschen gelebt hast. Du hast Liebe wirklich gelebt. Du hast deinen ganzen Körper für jemand anderen hingegeben. Warst dir nicht zu schade, eigene Nachteile dafür in Kauf zu nehmen. Rund um die Uhr warst und bist du für einen anderen kostbaren kleinen Menschen da.

Die Spuren, die diese Liebe und Hingabe hinterlassen, sind Zeichen von wahrer Schönheit. Wirkliche und echte Liebe verleihen einem Menschen eine atemberaubende Schönheit. Eine Schönheit, die nicht vergänglich ist und nicht mit den Jahren langsam verschwindet.

Meine Liebe, du warst noch nie schöner als jetzt. Lerne, tiefer zu blicken! So wie ich es tue. Sieh die Schönheit und Bedeutung: Du hast Leben geschenkt. Wie ich.

Dein himmlischer Vater

Jeanswerbung und Liebesgeflüster

Ich könnte heulen. Bin so deprimiert. Fühle mich so unwohl in meiner Haut. Warum tun die das nur? Warum gibt mir das so ein schlechtes Gefühl? Es war doch nur eine Jeanswerbung. Nichts weiter. Aber ehrlich gesagt bringt mich das Plakat reichlich wenig auf den Gedanken, eine neue Jeans zu kaufen. Eigentlich vielmehr darauf, eine neue Diät zu beginnen. Wieder mal zu versuchen …

Möchten wir uns nicht alle wohl in unserer Haut fühlen? Leider ist das durch den Druck, der auf uns ausgeübt wird, schwierig. Wir kämpfen doch ständig mit diesem absolut unrealistischen Schönheitsideal unserer Zeit. Zweifeln wir nicht deshalb so oft daran, schön zu sein? Das Schlimme ist, dass das Bild, was uns überall von Schönheit präsentiert wird, noch nicht einmal echt ist. Die Fotos von all den Models sind durch Photoshop verändert worden. Diese Frauen sind in Wirklichkeit gar nicht so dünn und hübsch. Ihre Haut ist nicht so rein, ihre Haare nicht so voll.

Ich habe mal von einem Model gehört, das gesagt hat: „Ihr glaubt doch wohl nicht wirklich, dass ich so aussehe? Das bin nicht ich!" Irgendwer hat sich ein Schönheitsideal ausgedacht und aufgestellt, das niemand erreicht. Wie verrückt ist es, dass man künstlich einen Standard als Maß aufstellt, den es nicht gibt. Es gibt solche Frauen nicht, aber man zeigt die veränderten, ja manipulierten Bilder in allen Medien, als ob überall solche Frauen leben würden. Nach dem Motto: „Streng dich an, tu was, damit du so aussiehst. Das ist der Standard von Schönheit. Das ist ein Muss! Alle sind so, du aber nicht. Los, tu was!"

Es ist aber unmöglich, jemals so auszusehen wie all die Frauen auf den Plakaten. Keine Frau wird jemals so perfekt sein, wie es dieses Schönheitsideal vorschreibt. Weil es solche Frauen nicht gibt und auch nicht geben kann! Eine fürchterliche Folge dieser Werbung ist, dass sehr viele Frauen und Mädchen unter Minderwertigkeitskomplexen, Depressionen oder Essstörungen leiden, die zum Teil katastrophale Folgen haben.

Ich fand es früher schon nicht einfach, mich solchen Werbeplakaten und überhaupt der Botschaft dahinter zu stellen. Aber seitdem ich Mama bin, ist der Graben zwischen diesen Bildern und mir noch mal um einiges tiefer und breiter geworden. Und ich glaube, da bin ich in guter Gesellschaft, oder?

Aber wie gehen wir damit um? Es lässt einen ja nicht kalt. Zumindest mich nicht. Wir Frauen tragen dieses tiefe Bedürfnis in uns, schön zu sein und von anderen zu hören, dass wir schön sind.

Ich glaube, dass Gott uns Frauen diese Sehnsucht ins Herz gelegt hat, damit wir damit zu ihm kommen. Er möchte dieses Bedürfnis stillen. Gott sagt: „Du bist für mich wunderschön! Du warst es schon immer. Und auch jetzt, nachdem du ein Kind geboren hast, hat sich nichts daran geändert. Denn ich habe dich mit all meiner Weisheit und Allmacht erschaffen. Ich habe dich von Anfang an geliebt und erwählt. Du gehörst zu mir, mit Haut und Haar. Du bist wertvoll, weil ich dich liebe!"

Wenn du wieder einmal deprimiert bist, weil du an einem Plakat für Jeanswerbung vorbeigegangen bist; wenn du wieder einmal deprimiert bist, weil die Frisur überhaupt nicht sitzt und die Jeans nicht mehr zugeht, dann geh mit dieser Sehnsucht zu Gott! Er will und kann sie stillen. Er möchte dir sagen, wie begeistert er von dir ist und welch eine Schönheit du in dir trägst.

Mir bedeutet es so viel, einen Ort zu haben, an den ich mit meinen Selbstzweifeln kommen kann. Wo ich geliebt bin. Wo ich die Worte höre: „Du bist wunderschön!" In den Armen Gottes kann ich mich fallen lassen. Dort bin ich überreich geliebt. Geschätzt. Wertvoll.

Gott hat mich mit einem wunderbaren Mann beschenkt, der mir viel Mut zuspricht, mich liebt, mir sagt, wie schön er mich findet. Das ist ein unschätzbares Glück. Und ich bin so dankbar für ihn.

Aber es gibt einen Hunger nach Liebe und Wertschätzung in jedem Menschen, der nicht von anderen Menschen gestillt werden kann. Gott legte diesen Hunger, diese Sehnsucht in unser Herz, damit wir immer daran erinnert werden, dass wir für eine Liebesbeziehung gemacht sind, die nicht von dieser Welt ist. Wir sind für eine himmlische Liebesbeziehung geschaffen. Und nur in dieser Beziehung zu Gott finden wir all das, was wir so sehr brauchen und hören müssen.

Die beste und schönste Liebesgeschichte zwischen zwei Menschen kann nicht alle Bedürfnisse stillen. Wir überfordern unsere Männer, wenn wir von ihnen die Stillung all unserer Bedürfnisse nach Liebe erwarten. Dazu sind sie nicht geschaffen. Dafür sind sie nicht in unserem Leben. Aber zu Gott können und sollen wir damit kommen. Bei ihm sind wir richtig.

Liebe Mami, zögere nicht, mit deinen Wunden, Verletzungen und unerfüllten Bedürfnissen zu Gott zu kommen. Er möchte deine Wunden verbinden, deine Verletzungen heilen und deine Bedürfnisse erfüllen. Er möchte dir sagen, wie sehr er dich liebt. Wie wunderschön er dich geschaffen hat. Und was für eine wunderschöne Mami du bist.

Wir sind für die Liebesbeziehung zu Gott geschaffen worden und deshalb finden wir auch nur da, in unserer Bestimmung, die volle Erfüllung. Komm zu ihm. Laufe in seine Arme. Und lausche seinen Liebesworten.

„ICH HABE EUCH
SO SEHR GELIEBT,
DASS ICH MEIN LEBEN FÜR EUCH
GEGEBEN HABE."
JESUS

nach Galater 2,20

you make
me beautiful

Ich stehe vor dem Spiegel. Irgendwie ist das befremdlich. Ich soll mich anstarren und mir laut zurufen, dass ich wunderschön bin. Ich weiß nicht. Irgendwie ist das nicht so mein Ding. Ich fühle mich komisch. Und ehrlich gesagt hab ich auch nicht das Gefühl, dass das Ganze irgendetwas bringt.

Wie oft habe ich schon von gut meinenden Menschen die Worte gehört: „Du musst lernen, dich schön zu finden", oder: „Du darfst einfach nicht so viel Wert auf Schönheit legen." Vorschläge wie diese Spiegelgeschichte kommen am laufenden Band. Das Problem ist nur, dass es nicht funktioniert, egal wie oft ich es versuche. Ich kann in einer Predigt, einem Buch oder auf einem Frauentag zwanzigmal davon hören, dass ich schön bin, und es vielleicht in diesem Moment auch halbwegs glauben. Leider vergehen all die guten Gedanken und Gefühle spätestens dann, wenn ich auf der Damentoilette bei McDonald's mein Gesicht im Neonlicht betrachten darf.

All diese netten Sprüche haben mir nie geholfen. Sie tun für einen kurzen Moment gut, aber sie sind nicht von Dauer. Sie haben eher die Beschaffenheit von Schmerzmitteln. Für kurze Zeit lindern sie die Beschwerden, aber die Wurzel des Problems wird nicht angepackt. Heißt das jetzt, dass wir keine Hoffnung haben? Dass wir Frauen eben damit leben müssen, mit uns unzufrieden zu sein? Dass wir uns kurz mit Komplimenten betäuben können, aber mehr nicht drin ist? Ein entschiedenes Nein. Ich bin davon überzeugt, dass es noch etwas anderes gibt. Etwas, das von Dauer ist. Etwas, das wirklich hilft. Etwas, das auch mir wirklich geholfen hat.

Jesus ist atemberaubend schön. Vielleicht wunderst du dich

etwas über diese Aussage. Schönheit ist gewöhnlich nicht gerade die Eigenschaft, die wir mit ihm in Verbindung bringen. Aber denk einmal kurz darüber nach: Er ist der Sohn Gottes. Der König der Könige. Und wenn Gott so viele wunderbare Dinge erschafft, ist er dann nicht selbst von perfekter und makelloser Schönheit?

Im Buch der Offenbarung können wir einen kleinen Blick auf seine Herrlichkeit erhaschen. Wenn wir Jesus unser Leben geschenkt haben, dann beschenkt auch er uns über die Maßen – mit sich selbst. Dann zieht er mit all seiner Schönheit in uns ein.

Jesus betete für seine Jünger und sagte:

> *„Ich habe ihnen die Herrlichkeit geschenkt,*
> *die du mir gegeben hast, damit sie eins sind,*
> *wie wir eins sind – ich in ihnen und du in mir,*
> *damit sie alle zur Einheit vollendet werden"*
> *(Johannes 17,22-23; NL).*

Und an anderer Stelle verspricht er ihnen seine wunderbare Gegenwart:

> *„Bleibt in mir, und ich werde in euch bleiben"*
> *(Johannes 15,4; NL).*

Wenn wir uns Jesus hingeben, dann gibt er sich uns hin. Dann haben wir Anteil an seiner Schönheit. Sie wird durch uns sichtbar. Jesus scheint durch uns und nichts auf der Welt kann uns schöner machen. Wenn Jesus aus dir erstrahlt und er in dir sichtbar wird, dann strahlst du mit einer ewigen, durch nichts zu zerstörenden Schönheit. Niemand kann sie dir nehmen. Sie ist da, weil sie nichts mit dir zu tun hat, sondern mit Jesus. Seine Schönheit ist da, egal wie die Umstände sind.

Die Schönheit einer Frau, in der Jesus lebt, ist unvergänglich. Weil Jesus unvergänglich ist. Diese Schönheit vergeht nicht mit dem Alter, wenn wir grau und faltig werden. Sie ist nicht einfach weg, wenn wir durch Krankheit oder Unfall verunstaltet werden. Sie ist ewig. Und sie ist nicht an Äußerlichkeiten gebunden.

Weißt du, was ich an meinen Söhnen so liebe? Wenn ich sie anschaue, dann kann ich den Menschen, den ich so sehr liebe, in ihnen erkennen – meinen Mann. Alle haben seine wunderschönen Augen geerbt. Und wenn ich in ihre Augen schaue, dann sehe ich seine darin. Ich liebe das. Ich glaube, genauso muss es Gott gehen, wenn er uns, seine Kinder, ansieht. Er erkennt seinen geliebten Sohn in uns. Jesu Schönheit ist in uns zu erkennen. Aus allen Knopflöchern scheint Jesus! Kannst du dir vorstellen, wie begeistert Gott dich ansieht und ruft: „Das hat sie von meinem Sohn! Ganz wie er! Wow, da kommt Jesus durch"?

Wirkliche Schönheit ist in einer Frau zu finden, die über beide Ohren in Jesus verliebt ist. Die mehr danach fragt, was er will, als auf ihren eigenen Willen zu achten. Die bereit ist, für Jesus Schwierigkeiten oder Unannehmlichkeiten auf sich zu nehmen. Die ihr ganzes Leben auf ihn ausrichtet. Eine Frau, die nur Augen für ihn hat. Wenn sie anfängt, nicht mehr für sich selbst, sondern ganz für ihn zu leben, dann beginnt eine Schönheit in ihr zu erstrahlen, die nicht von dieser Welt ist. Je mehr eine Frau Jesus liebt, desto schöner ist sie.

Wenn mich Zweifel wieder einmal überrollen wollen, dann komme ich zu meinem himmlischen Vater und lasse mich von ihm daran erinnern, dass die Schönheit seines Sohnes in mir ist. Dass Jesus durch mich scheint. Dass ich dadurch mit einer Schönheit erstrahle, die nicht von dieser Welt ist. Die jede irdische Schönheit bei Weitem übertrifft. Und diese Worte von ihm zu hören, ist so viel kraftvoller, als meinem Spiegelbild ein „Ich bin schön" zuzurufen.

Liebe Mami, anstatt dich mit deinem äußeren Erscheinungsbild verrückt zu machen und dich durch den Schönheitswahn unserer Zeit versklaven zu lassen, suche Jesus! Er allein ist der,

der dir wahre Schönheit verleihen kann. Investiere deine Energie in die Pflege dieser Liebesbeziehung und erlebe, wie sie dich verändert. Wie sie einen Glanz auf dein Gesicht zaubert, den das beste Make-up nicht zustande bringen kann. Wie sie dir Zufriedenheit und Sicherheit schenkt, die du selbst durch das beste Outfit nicht erreichen kannst. Nichts kann dich schöner machen. Und es gibt jemanden, der nur darauf wartet, dich damit zu schmücken ...

Die Eine ist die meine

Ich hab Tränen in den Augen. Bin total gerührt. Wie wundervoll ist die Beziehung zwischen einem Kind und seiner Mama.

Es war ein Experiment. Sechs Frauen stehen nebeneinander. Dann wird die Tochter einer dieser Frauen in den Raum geholt. Ein zuckersüßes Mädchen mit Lockenkopf und einem zauberhaften Lächeln. Ihr werden die Augen verbunden. So soll die Kleine dann ihre Mama finden. Grinsend betastet sie die erste Frau, fühlt ihre Hand, ihr Gesicht. Nein, das ist nicht meine Mama. Weiter geht's. Eine Frau nach der anderen wird befühlt, umarmt. Aber das kleine Mädchen weiß jedes Mal sofort: nein. Bis sie bei ihrer Mutter ankommt. Eine erste Berührung der Hand und im Gesicht genügt. Das ist sie! Freudestrahlend wird die Mama sofort geknuddelt. Die zu Tränen gerührte Mama drückt ihre kleine Maus an sich.

Nun kommt der Sohn einer nächsten Mutter an die Reihe. Auch er findet seine Mama im Handumdrehen. Ein Kind nach dem anderen durchläuft das Experiment. Alle sechs erkennen ihre Mama trotz der verbundenen Augen ohne Probleme.

Du bist die Eine für dein Kind. Du bist die Mama. Die Beziehung, die dein Kind und du miteinander teilen, ist einmalig. Du musst nie Angst haben, verwechselt zu werden. Du musst nie Angst haben, ersetzt zu werden. Du bist einzigartig.

Ich genieße diese besondere Beziehung zu meinen Kindern so sehr. Es ist unfassbar schön, wenn mein Sohn zu mir stürmt, weil er mir begeistert erzählen will, wie er gerade einen Drachen gebastelt hat, der sogar fliegen kann. Oder wenn meine Tochter ihre kleinen Ärmchen um meinen Hals legt, sich an mich drückt und Trost sucht, weil sie sich erschreckt hat. Kinder kommen zu ihrer Mama. Warum? Weil diese Beziehung über die Maßen besonders ist. Sie ist wunderschön. Sie strahlt Verbundenheit aus. Liebe. Vertrauen. Trost. Innigkeit.

Du bist die Eine für dein Kind. Die schönste Frau der Welt. In seinen kleinen Augen bist du die wunderschönste Prinzessin. Starte einmal dieses Experiment: Bitte deinen Mann, deine kleinen Kinder zu fragen, wer die schönste Frau der Welt ist. Was meinst du, was sie antworten? Natürlich MAMI! Mami ist die schönste Frau der Welt. Ist doch klar. Für sie zählen Body-Mass-Index, reine Haut und geglättete Haare doch nicht. Für sie zählt die Beziehung. Die Liebe. Und kaum etwas kann einen Menschen schöner machen als Liebe. Echte und ungeheuchelte Liebe. Gibt es eine Liebe, die stärker und inniger ist als die einer Mutter? Liebe Mami, du bist wunderschön, weil du liebst.

Du bist die Eine für dein Kind. Du hast keinen Grund, dich mit anderen Mamis zu vergleichen. Du bist einzigartig. Und du darfst diese Einzigartigkeit auskosten. Keine Frau ist wie die andere. Jede ist ein Unikat. Gott steht nicht auf Einheitsbrei. Er liebt die Vielfalt. Stell dir vor, dass jede Frau wie eine wunderschöne Blume ist. Du bist eine Tulpe. Ich eine Margerite. Deine Nachbarin eine Rose. Die andere Mami aus der Krabbelgruppe eine Sonnenblume. Und deine Freundin eine Lilie. Jede Blume ist einzigartig in ihrer Schönheit. Jede hat etwas Besonderes. Etwas, das nur sie besitzt. Was meinst du, was alle zusammen für ein buntes Bild ergeben! Einen traumhaft schönen Blumenstrauß. Gott liebt diese Vielfalt. Warum sollten wir sie nicht ebenso lieben? Wie trostlos wäre es, wenn es nur eine Blumensorte gäbe?

Du bist die Eine für dein Kind. Und du wirst es immer bleiben. Du wirst nie aufhören, Mama zu sein. Selbst wenn deine Kleinen schon lange groß und unabhängig sind. Du hast das Herz einer Mutter. Deine Liebe und Hingabe für deine Kinder verschwinden nicht einfach, wenn sie das Haus verlassen. Eine eigene Familie gründen. Du bleibst die Eine. Die Eine, die immer noch treu für sie betet. Die Eine, die immer noch das Einschulungsfoto im Flur hängen hat. Die Eine, bei der sie immer willkommen sind. Die Eine, die sie immer anrufen können. Die Eine, die immer ein offenes Ohr und liebe, ermutigende Worte für sie hat. Die Eine, die immer noch ihr größter Fan ist.

Sie haben nur die eine Mutter. Dich. Du bist und bleibst die Eine für dein Kind. Wenn das kein Grund zum Freuen ist! :-)

DAS KOSTBARSTE,
WAS DU UM DEN HALS
TRAGEN KANNST, SIND DIE ARME
DEINES KINDES.

Unbekannt

Schmetterlinge

Wow! Er hat sich tatsächlich auf meinen Arm gesetzt! Wie cool ist das denn! Voller Staunen betrachte ich den riesigen wunderschönen Schmetterling auf meinem Arm. Unglaublich, wie zauberhaft Gott diese Geschöpfe gemacht hat. Ich liebe Schmetterlinge. Und ich bin begeistert von dieser Schmetterlingsvoliere. Wir machen gerade einen Familienausflug im Zoo und stehen nun in diesem riesengroßen Käfig mit Hunderten verschiedener Schmetterlinge.

Es gibt eine Sache, die mich bei den Schmetterlingen besonders beeindruckt: Sie beginnen ihr Leben nicht mit wunderschönen großen Flügeln, die sie durch die Lüfte tragen. Sie beginnen ihr Leben klein und unscheinbar als Raupe. Mit Sicherheit kennst du die Geschichte von der kleinen Raupe Nimmersatt. Meine Kinder lieben sie (so wie ihre Mami auch ...). Die kleine unscheinbare Raupe verbringt irgendwann eine Zeit lang in einem Kokon, schlüpft dann hinaus und verwandelt sich in einen bezaubernden Schmetterling. Klingt wie ein Grimm'sches Märchen aus der Tierwelt, oder? So à la Aschenputtel.

Was allerdings nicht so im Mittelpunkt dieser Geschichte steht, ist der Kampf, den der kleine Schmetterling austragen muss. Denn das Schlüpfen aus einem Kokon ist kein Sonntagsspaziergang. Es ist mit viel Mühe verbunden. Interessant daran ist, dass der kleine Kerl unbedingt alleine aus seinem Gefängnis herauskommen muss. Dieser Kampf ist für ihn lebensnotwendig. Unter Schmerzen und Anstrengung schiebt er sich durch das kleine Loch. Nur durch diesen Prozess bilden sich seine Flügel richtig aus. Mit anderen Worten: Würde man aus Mitleid dem Schmetterling diese schwierige Zeit ersparen und den Kokon vorsichtig öffnen, schadet man ihm nur. Er wäre ein Krüppel und damit nicht überlebensfähig. Er könnte nie fliegen, weil seine Flügel nicht durch Kampf ausgebildet wurden. Wenn man es ihm leicht machen will, tut man ihm letztlich keinen Gefallen.

Ich glaube, dass hier eine sehr tiefe und wichtige Wahrheit versteckt ist. Unsere „Flügel" müssen durch Schwierigkeiten ausgebildet werden. Sonst sind wir geistliche Krüppel und werden nie fliegen und uns nie in wunderschöne Geschöpfe verwandeln können.

Gott will aber, dass du fliegen lernst! Dazu wurdest du geschaffen. Du bist nicht für ein ewiges Raupendasein gemacht. Dein Ziel ist das Leben eines Schmetterlings. Und das bedeutet, dass es auch mal schwierig wird. Aber dadurch wirst du zu einem wunderschönen Schmetterling, der stark genug ist, um sich in die Luft zu erheben und nach seiner Bestimmung zu leben – zu fliegen.

Jesus hat uns nie versprochen, dass das Leben einfach wird. Im Gegenteil. Er fordert uns auf, ihm nachzufolgen. Und das zu werden, wozu Gott uns erschaffen hat – ihm ähnlicher.

„Wenn jemand mir dienen will, muss er mir nachfolgen. Und da, wo ich bin, wird auch mein Diener sein" (Johannes 12,26; NGÜ).

Jesu Weg hier auf der Erde war nicht leicht. Wir können und sollten uns darauf einstellen, dass unser Leben auch nicht immer ein Ferienausflug ist. Es wird für jede von uns den einen oder anderen Kampf im Leben geben. Aber das Tröstliche daran ist: Dadurch werden unsere Flügel gestärkt. Und wir haben die Chance, sie zu nutzen, um zu reiferen Persönlichkeiten zu werden. Um ihm ähnlicher zu werden. Und es gibt nichts, was uns schöner machen könnte als Jesus-Ähnlichkeit.

Aber wie können wir ihm nachfolgen? Es heißt über ihn:

Er verzichtete auf alle seine Vorrechte und stellte sich auf dieselbe Stufe wie ein Diener (Philipper 2,7; NGÜ).

Freiwillig die Rolle eines Dieners einnehmen ist etwas, das der menschlichen Natur extrem fernliegt. Im Grunde unseres Wesens sind wir doch hoffnungslose Egoisten, oder? Wir sind bei Weitem mehr daran interessiert, unsere Rechte einzufordern, als darauf zu verzichten. Und doch bleibt der Anspruch derselbe: „Da, wo ich bin, nämlich verstrickt in all die Aufgaben eines Dieners, da sollst auch du sein, mein liebes Kind!"

Ich glaube, dass Gott uns eine riesige Hilfe mit auf den Weg gegeben hat, um ihm ähnlicher zu werden, weil er genau weiß, wie schwer das für uns ist. Welche Hilfe das ist? Unsere Kinder! Sie machen unsere Flügel flugfähig. Wer ein kleines Baby nach dem Krankenhausaufenthalt endlich zu Hause hat, merkt sehr schnell, dass er jetzt jemanden da hat, um den er sich ständig kümmern muss.

Ein Baby kümmert sich recht wenig darum, ob seine Mami vielleicht müde sein könnte, wenn es zum fünften Mal in der Nacht gestillt werden will, oder ob sie eventuell lieber etwas anderes tun würde, als ihren kleinen Schatz stundenlang durch die Wohnung zu tragen. Es verlangt totale Hingabe und Fürsorge seiner Eltern. Ein Baby bringt mit sich, dass man sämtliche „Rechte" aufgeben muss, die man vorher genossen hat: durchgeschlafene Nächte, spontanes Ausgehen mit dem Ehepartner, die Freiheit, seine Zeit so zu bestimmen, wie man möchte, Ausschlafen am Samstagmorgen ...

Unsere Kinder katapultieren uns in gewisser Hinsicht in die Rolle eines Dieners. Als Mami lernen wir unweigerlich, auf unsere Rechte zugunsten eines anderen Menschen zu verzichten. Wir lernen, jemand anderen höher zu achten als uns selber und Dinge für ihn zu tun, auf die wir vielleicht keine Lust haben. Wir lernen, aus Liebe zu verzichten und uns selbst zu verleugnen, damit es unseren Kindern gut geht. Wir lernen Güte und Demut. Und ... wir lernen, Jesus ähnlicher zu werden, weil dies Dinge sind, die seinem Wesen entsprechen.

Ich bin Gott sehr dankbar, dass diese Wahrheit meine Einstellung als Mama revolutioniert. Das Wissen um diese Möglichkeit hilft mir sehr, wenn es darum geht, unbequeme Dinge zu erledigen. Wenn ich nachts durch das Weinen meiner Kinder aus dem Schlaf gerissen werde, versuche ich daran zu denken, dass das gerade eine Chance ist, Jesus nachzufolgen und ihm ähnlicher zu werden. Dieser Gedanke motiviert mich sehr und ändert meine Einstellung.

Dennoch: Es wäre übertrieben, wenn ich behaupten würde, dass ich jetzt immer mit einem „Halleluja" auf den Lippen aus meinem Bett hüpfe. Oft genug denke ich immer noch mehr an das Unbequeme der Situation. Es ist und bleibt eben nicht spaßig, sich aus seinem Kokon der Gemütlichkeit herauszuquälen, um das Richtige zu tun. Um sich hingegeben um andere zu kümmern.

Aber der Kampf ist alle Mühe wert. Und daran muss ich mich regelmäßig selbst erinnern. Ich möchte keine Raupe bleiben, die nur auf der Suche nach Essen, also ihren eigenen Interessen, ist. Ich möchte zu einem wunderschönen Schmetterling werden, der das Leben anderer schöner macht und dadurch selbst an Schönheit gewinnt. Der nicht vor Schwierigkeiten und Unbequemlichkeiten zurückschreckt, sondern der dadurch seine Flügel stärkt. Und fliegt.

Die schönsten Frauen,
die ich je gesehen habe, waren die,
die ihr selbstbezogenes Leben
für ein Christus-bezogenes Leben
eingetauscht haben. Sie sind sicher,
aber nicht aus sich selbst heraus.
Statt Selbstsicherheit,
strahlt Christus-Sicherheit
durch sie.

Leslie Ludy

Wenn alles anders läuft ...

Aufgeregt und nervös saß ich im Auto. Autsch. Bitte jetzt bloß keinen Stau. Und diese Ampel. Kann die nicht wenigstens jetzt mal auf Grün sein? Autsch. Was, wenn alles schiefläuft? Wenn es Komplikationen gibt? Ach, was soll das? Praktisch alle in meinem Umfeld haben ihre Babys ohne größere Probleme geboren. Warum sollte das bei mir jetzt anders sein? Autsch. Aua. Mann, tut das weh ...

Wir waren auf dem Weg in den Kreißsaal. Unser erstes Baby hatte sich entschieden, nun auf die Welt zu kommen. Was für ein Gefühlscocktail! Eine Mischung aus Angst, Freude, Neugierde, Erleichterung (endlich hat diese Warterei auf Stunde X ein Ende) und noch mal Angst trieb ihr Unwesen in mir.

So lange schon hatte ich mich auf diesen Moment vorbereitet. Mir ausgemalt, wie ich problemlos eine Bilderbuchgeburt meistern würde. Wie ich erschöpft und glücklich mein Baby in den Armen halten würde. Wie alle stolz auf mich sein würden, das alles so toll und souverän geschafft zu haben. Der Traum von der perfekten und wunderschönen Geburt eben.

Ich hatte mich auf eine schöne Geburt vorbereitet. Aber nicht darauf, dass auch alles anders laufen kann. Dass Träume wie Seifenblasen zerplatzen können. Als nach 20 Stunden Wehen dann doch ein Notkaiserschnitt gemacht werden musste, machte mein Traum „Peng!". Nichts vom perfekten Geburtserlebnis.

Zu allem Überfluss konnte ich meinen Sohn nicht einmal sofort in den Arm nehmen. Weil es ihm nicht gut ging, musste er zunächst einmal zu den Ärzten. Uns wurde er dann erst später, bereits angezogen, überreicht. Statt der erwarteten überströmenden Freude machte sich unglaubliche Enttäuschung breit. Natürlich war ich überglücklich über mein Baby, aber das unerfreuliche Geburtserlebnis saß tief.

Als sich dann etwas Ähnliches zwei Jahre später wiederholte, war ich am Boden zerstört. Auch mein zweiter Sohn musste plötzlich per Kaiserschnitt auf die Welt gebracht werden, weil sein Leben in Gefahr war. Und durch die Komplikationen der Geburt hielt ich ihn erst zwei Stunden später in meinen Armen. „Peng!" Ein weiterer Traum zerplatzte.

Viele malen sich während der Schwangerschaft die perfekte Geburt aus. Denken über diesen Moment nach, wenn nach getaner Arbeit endlich das Baby im Arm liegt. Alles ist rosarot in dem wunderschönen Geburtserlebnis.

Ich glaube, dass der Gedanke an eine Kaiserschnittgeburt relativ selten in unseren perfekten Geburtsträumen auftaucht. Irgendwie gehen wir davon aus, dass schon alles gut laufen wird. (Was ja insofern auch gut ist, als wir uns nicht mit Sorgen und Eventualitäten verrückt machen sollten.) Aber oftmals hat das schlimme Konsequenzen, wenn eben doch alles anders läuft.

Nach meinen Kaiserschnittgeburten hab ich mich wie eine Versagerin gefühlt. Ich hatte es nicht geschafft. Ich fühlte mich beraubt. Beraubt um den Moment, mein Baby direkt nach der Geburt in den Arm zu nehmen. Beraubt um das Siegesgefühl, es endlich geschafft zu haben. Meine endlosen Stunden Wehen endeten eben nicht in dieser Belohnung, sondern im OP. Ein riesiges Verlustgefühl machte sich breit.

Soweit ich das überblicken kann, sind meine Erfahrungen keine Seltenheit. Viele Frauen leiden emotional unter den Folgen eines plötzlichen Kaiserschnitts. Man schämt sich für seine Narbe. Sie erinnert einen schließlich an einen der hilflosesten Momente des Lebens. Sie erinnert einen vielleicht permanent daran, es „nicht geschafft" zu haben.

Hinzu kommt noch das Missverständnis, wenn andere hören, dass man einen Kaiserschnitt hatte. Häufig denken sie dann nämlich, dass Kaiserschnitt gleich Wunschkaiserschnitt bedeutet. Und dann kann man sich auch noch den einen oder anderen Kommentar anhören.

Leider wird man mit seinen Gefühlen und der Trauer rund um den Kaiserschnitt oft auch nicht ernst genommen. Gut gemeinte Sprüche wie: „Sei doch froh! Du hast ein gesundes Kind!", sind zwar in ihrer Aussage richtig, helfen aber nicht, wenn man mit Selbstzweifeln und Verlustgefühlen zu kämpfen hat.

Liebe Mami, wenn du unter den Folgen eines Kaiserschnitts zu leiden hast oder unter der Aussicht, eventuell einen zu bekommen, dann ist es wichtig, deine Gedanken mit Wahrheit zu füllen. Und die Wahrheit ist, dass die Schönheit einer Geburt nicht darin liegt, ob dein Baby so auf die Welt kommt, wie du es dir ausgemalt hast, sondern dass du Zeuge eines Wunders wirst. Denn jede Geburt ist ein Wunder, weil jeder Mensch ein Wunder ist. Das Atemberaubende an einem Baby wird doch nicht weniger, wenn es durch einen Kaiserschnitt geboren werden muss. Es ist mit genau derselben Liebe und Perfektion Gottes gestaltet worden. Und auch dein Körper ist doch nicht weniger perfekt, nur weil du während der Geburt unter Komplikationen zu leiden hattest. Wir leben nun mal nicht im Himmel, sondern in einer Welt, in der Krankheit, Probleme und Schmerzen allgegenwärtige Realität sind.

Wir sollten Kaiserschnitte als das sehen, was sie wirklich sind: ein riesiges Geschenk, weil dadurch so viele Leben gerettet werden. Ich bin Gott so dankbar, dass ich in einer Zeit leben darf, in der mein Leben und das Leben meiner Jungs dadurch bewahrt werden konnten. Viele Kaiserschnittmamas und ihre Babys wären nicht mehr am Leben, wenn ihnen nicht durch eine Operation hätte geholfen werden können. Kann man nicht auch die dadurch entstandene Narbe als eine wunderschöne Erinnerung an die Errettung und das Leben sehen? Genau wie Schwangerschaftsstreifen oder andere durch die Schwangerschaft entstandenen körperlichen Veränderungen ist auch sie ein Zeichen dafür, dass wir Leben weitergegeben haben.

Eine Freundin von mir verlor tragischerweise ihr Baby im Alter von 54 Tagen. Ihre Kaiserschnittnarbe hat für sie dadurch eine große Bedeutung bekommen: der sichtbare Beweis dafür, dass ihr Baby da war. Ein Zeichen für sein Leben, den sie für den Rest ihres Lebens bei sich tragen kann. (Ihre Geschichte kannst du auf: www.unser-wunder.de nachlesen.)

Was für eine wunderschöne Bedeutung eine Kaiserschnittnarbe sein kann! Sie ist kein Beweis für Versagen oder zerplatzte Träume. Sie ist Beweis für ein neues Leben. Und damit macht sie deinen Körper genauso schön wie jede andere Erinnerung an deine Kinder auch.

Ein Geschenk für dich

Meine geliebte Tochter!

Was ist es für ein Gefühl für dich, ein Geschenk auszupacken? Vorfreude? Spannung? Sich geliebt fühlen? Wusstest du, dass ich ein besonderes Geschenk für dich habe? Eines, das dein Leben für immer verändert? Das es schmückt und verziert?

Ich habe aus dir eine Mama gemacht, um dein Leben mit einer ganz neuen Schönheit zu beschenken. Deine Kinder machen dich und dein Leben reich. Du bist beschenkt. Von mir überreich beschenkt. Wusstest du, dass ich Mamasein wunderschön designt habe? Es war von mir nie so erdacht, dass du daran zerbrechen solltest. Vor Erschöpfung, Frust oder Isolation. Ich erdachte es als einen Weg, um dein Leben schön zu machen.

Auch Kinder sind eine Gabe des Herrn,
ja, Fruchtbarkeit ist ein großes Geschenk!
(Psalm 127,3; NGÜ).

Deine Kinder sind das i-Tüpfelchen. Die Sahnehaube in deinem Leben. Sie machen es besonders. So unberechenbar. So einzigartig. So wunderschön. So oft werden Kinder als Last betrachtet. Als Störenfriede, die einem die erfüllende Arbeit, die wohlverdiente Ruhe und die geliebten Hobbys durcheinanderbringen. Hast du das nicht auch schon oft zu hören bekommen? So viele beklagen sich über die Herausforderungen, die das Leben mit Kindern mit sich bringt. Ja, es stimmt. Das Leben mit Kindern ist nicht immer einfach. Aber auch das Leben ohne

Kinder ist nicht immer einfach, oder? Wirklich perfekt wird es für dich erst später in meiner Gegenwart werden. Aber ich möchte dich schon gerne auf der Erde beschenken. Ganz auf meine Art. Mit besonderen Geschenken: deinen Kindern. Ich möchte dein Leben durch sie versüßen. Dir ein Lächeln auf die Lippen zaubern.

Weißt du, oftmals ist es einfach nur eine Sache der Perspektive, wie man Dinge beurteilt. Aus dem einen Blickwinkel sieht die Welt manchmal so anders aus als aus dem anderen. Ich weiß, dass es diese Tage und diese Momente gibt, wo du alle am liebsten auf den Mond schießen würdest. Wo du dich allen Ernstes fragst, was du eigentlich verbrochen hast, dass du dich mit ihnen herumschlagen musst. Ich kann dich sehr gut verstehen. Auch ich habe ununterbrochen mit schwierigen Menschen zu tun. Ich weiß, wie das ist.

Aber ich möchte dich herausfordern, deine Blickrichtung zu verändern. Sieh nicht so viel auf das, was anstrengend ist, sondern auf das, was schön ist! Anstatt über den verlorenen Schlaf nachzudenken, konzentriere dich doch auf das Privileg, der wichtigste Mensch für dein Baby zu sein. Anstatt dich über Schmerzen beim Stillen zu beklagen, staune über die Fähigkeit, mit der ich dich ausgestattet habe: Du versorgst und ernährst dein Kind. Anstatt frustriert über den Spülberg zu sein, denk an deine Lieben, die von diesen Tellern gegessen und dadurch wichtige Energie erhalten haben. Denk an strahlende Kinderaugen. An diese winzigen Händchen. An die Lebensfreude, die diese Kleinen nur so versprühen. An die kleinen Arme, die sich um deinen Hals schmiegen. Die vielen zerknitterten Blätter mit Kritzeleien, die dir stolz überreicht werden. Dein Leben als Mama ist voll von diesen kleinen Geschenken, die so leicht übersehen werden können. Sind sie nicht mehr wert als die Herausforderungen, die dir manchmal begegnen?

Du bist beschenkt. Von mir überreich beschenkt. Vielleicht ist es für dich an der Zeit, hier und da eine andere Blickrichtung einzunehmen, einen Blick der Dankbarkeit, damit du Augen für diese Geschenke hast. Denn sie sind da. Und sie bringen eine ganz neue Schönheit in dein Leben.

Dein Vater

(der es liebt, dich mit Segen zu überhäufen)

4

Liebe

HINGABE ÜBEN

LOVE IS EVERYWHERE

Liebe. Gibt es ein Wort, das eine Mutter besser beschreiben kann? Ist es nicht das, was wir alle gemeinsam haben? Ganz egal, wie unser Background ist. Wie unsere Überzeugungen sind. Ist es nicht das, was uns Mamas alle verbindet? Wir alle sind ganz und gar durchdrungen von der Liebe zu unseren Kindern.

Liebe. Gibt es ein Wort, das Gott besser beschreiben kann? Ist er nicht durch und durch Liebe? Und können wir nicht an seinem Verhalten uns gegenüber unendlich viel über Liebe lernen? Er liebt. Egal wie unser Background ist oder wie unsere Überzeugungen sind.

In diesem Kapitel geht es um die Liebe. Die Liebe zu unseren Kindern. Und um die Frage: Wie könnte Mamasein aussehen, das von Gottes Liebe inspiriert ist?

Geliebt

Meine geliebte Tochter!

Ich möchte dir sagen, wie sehr ich dich liebe. Vielleicht hast du das schon oft gehört. Vielleicht aber auch noch nicht oft genug. Schließ deine Augen und höre es noch einmal ganz langsam: Ich, dein Gott, liebe dich. Gerade dich. Dort wo du gerade bist. Egal wie es dir geht und egal was du gerade fühlst. Es gibt Dinge, die kann man nie oft genug hören. Und das ist eins dieser Dinge: Ich liebe dich. Vielleicht verstehst du meine Liebe besser, wenn du an deine Liebe zu deinem Kind denkst. Denn du bist mein Kind.

Ich möchte dir sagen, wie sehr ich dich liebe. Du liebst dein Kind? Ich liebe dich noch mehr! Gibt es etwas, das du nicht für dein Kind tun würdest? Würdest du nicht Himmel und Erde in Bewegung setzen, damit es diesem kleinen Menschen gut geht und es ihm an nichts fehlt? Genauso bin auch ich. Ich habe Himmel und Erde in Bewegung gesetzt, damit es dir gut geht. Damit du dich gut entwickeln kannst und Jesus ähnlicher wirst. Ich überschütte dich mit Gutem. Hast du eine Ahnung davon, wie unermesslich gut und liebevoll ich bin? Ich bin der beste Schenker. Und meine Geschenke sind perfekt. Wenn du schon fähig bist, deine Kinder mit Liebe und Gutem zu überschütten, was meinst du, wie gut ich es dann erst kann! Denn ich bin die Liebe.

„Würde jemand von euch seinem Kind
einen Stein geben, wenn es um ein Stück Brot bittet?
Oder eine giftige Schlange, wenn es um einen Fisch bittet?

Wenn schon ihr hartherzigen Menschen euren Kindern Gutes gebt, wie viel mehr wird euer Vater im Himmel denen Gutes schenken, die ihn darum bitten!"
(Matthäus 7,9-11; Hfa).

Ich liebe es, dich zu beschenken, genauso wie du es liebst, dein Kind zu beschenken. Denke an das Gefühl, das du verspürt hast, als dein Kind mit strahlenden Augen sein Geschenk ausgepackt hat. Die übersprudelnde Freude deines Kindes hat auch dich angesteckt. Es ist ein wundervolles Gefühl zu schenken. Besser noch, als beschenkt zu werden. Du liebst es, dein Kind zu beschenken? Ich liebe es noch mehr, dich zu beschenken!

Ich möchte dir sagen, wie sehr ich dich liebe. Ich wünsche mir, dass du bei allem, was du für deine Kleinen tust, daran denken kannst, dass ich noch mehr für dich tue. Dass, wenn du ihnen sagst, wie sehr du sie liebst, du daran denkst, dass ich dich zuerst geliebt habe. Dass, wenn du sie ermutigst, du daran denkst, dass mein Wort voll ist von Ermutigungen für dich. Du bist für sie da. Und ich bin seit jeher für dich da.

Ich möchte dir sagen, wie sehr ich dich liebe. Die Liebe, die deine Kinder und dich verbindet. Diese Liebe, die stärker ist als alles andere. Diese Liebe bildet auch das Band, das uns beide verbindet. Ich bin die Liebe. Und niemand liebt so vollkommen wie ich. Lass dich von meiner Liebe tragen. Von ihr inspirieren. Und von ihr motivieren zu lieben.

Immer

Auf einmal wurde mir dieses Wunder bewusst. „Du hörst mir zu! Immer. Jedes Mal wenn ich mit dir spreche. Ich komme dir nie ungelegen. Immer ist der richtige Zeitpunkt bei dir!"

Heute Nacht lag ich eine kurze Zeit wach. Wie selbstverständlich plauderte ich drauflos. Ich wollte mit Gott sprechen. Ihm nah sein. Die Zeit nutzen, ihm zu begegnen, bevor ich wieder im Land der Träume versinken würde. Und er war da. Sofort. Ich musste nicht erst in der Warteschleife stehen, bis ich endlich an die Reihe kommen würde. Ich konnte einfach drauflosreden. Ihn ohne Umstände ansprechen. Was für eine wunderbare Eigenschaft Gottes.

Eine Eigenschaft, die ich mir sehr für mein Mamasein wünsche. Ich wünsche mir, dass unsere Familie ein Ort sein kann, an dem man sich austauschen, ausweinen oder mitteilen kann. Ein Ort, an dem einem zugehört wird. An dem man ausreden darf. Wo man nicht unterbrochen wird.

Leider sieht die Realität lange nicht immer so aus. Manchmal ist das Zuhören gar nicht so leicht. Viel zu oft bin ich mit meinen Gedanken ganz woanders, wenn meine Kleinen mir gerade wieder einmal erzählen wollen, was ihre Duplomännchen auf ihrer Seefahrt erlebt haben oder wie schnell der blaue Traktor den grünen überholt hat. In dem Moment scheinen mir oft meine Überlegungen so viel wichtiger als das, was meine Kinder mit mir teilen wollen. Und dann kann ich manchmal eine ganz schön schlechte Zuhörerin sein. Leider. Viel zu oft sage ich ihnen: „Jetzt nicht! Warte!" So ganz anders, als ich es bei Gott erlebe. Was wäre, wenn er mir ständig mit „Jetzt nicht! Warte!" antworten würde?

Natürlich stimmt es, dass wir nun mal nicht Gottes Eigenschaften haben. Wir können nicht wie er ohne Pause sein.

Wir brauchen Erholung. Wir können nicht mehreren Rednern gleichzeitig zuhören. Wir können nicht ununterbrochen zuhören. Wir müssen auch mal abschalten können. Und auch unsere Kinder müssen lernen, dass man nicht permanent andere zutexten kann. Und dass man nicht unterbricht, sondern lernt, den richtigen Zeitpunkt abzuwarten. Alle diese Dinge sind richtig.

Aber dennoch. Ich wünsche mir sehr, in diesem Punkt mehr von Gott zu lernen. Mehr so zu sein wie er. Wenn ich es so genieße, immer willkommen zu sein, dann genießen meine Kinder doch dasselbe Gefühl bei mir.

Ich glaube, es gehört eine gehörige Portion Selbstlosigkeit dazu, den anderen für wichtiger zu nehmen als sich selbst. Keine leichte Aufgabe also. Das alles erfordert eine klare Entscheidung von mir. Es bedeutet, dass ich mich dafür entscheide, meinen Kindern zuzuhören (selbst dann, wenn sie mir eher belanglose Dinge erzählen). Auch dann, wenn ich mich lieber mit anderen Dingen beschäftigen möchte (die mir in diesem Moment wichtiger erscheinen).

Es bedeutet vielleicht, mir eine andere Sicht der Dinge zuzulegen: Denn was zählt wirklich? Wenn ich mir diese Frage stelle, muss ich häufig feststellen, dass vieles nicht so wichtig ist, wie es mir in solchen Momenten scheint. Aber die Beziehung zu meinen Kindern ist wichtig. Und die stärke und pflege ich, indem ich auf das eingehe, was sie beschäftigt. Was für sie Bedeutung hat. Damit erreiche ich ihr Herz. Dadurch bringe ich unsere Beziehung zum Aufblühen. Und dadurch bringe ich auch mich zum Aufblühen. Denn die Welt aus Kinderaugen zu betrachten, ist zauberhaft, witzig und auch ein wenig verrückt. Alles scheint so anders. Spannend. Bunt. Voller Freude. Eigentlich die Sicht, die mir als Erwachsener viel zu schnell verloren geht. Ja, es tut auch mir gut, mich wieder einmal in die Kinderwelt entführen zu lassen.

Ich möchte, dass sich meine Kinder immer willkommen fühlen. Dass sie wissen, wie sehr ich sie liebe und ernst nehme. Dass sie sehen, dass ich auch mal von meinen Aufgaben eine Pause mache, um in ihre Tätigkeiten einzutauchen. Ihren Geschichten zu lauschen, wie sie sonst meinen zuhören. Ich möchte, dass sie sehen und erleben, dass sie mir wichtiger sind als Aufgaben. Weil Menschen wichtiger als Dinge oder Taten sind. Aufgaben können häufig warten. Aufgaben sind nicht immer von so großer Priorität, wie ich es oft meine.

Aber meine Kinder sind immer Priorität und sie sind nur einmal klein. Dieser Moment, den sie so begeistert mit mir teilen wollen, verfliegt so schnell. Er ist nicht mehr zurückzuholen. Und auch die Zeit, in der sie mich bei allem dabeihaben wollen, in der sie mir alles erzählen wollen, geht so schnell vorüber. Irgendwann sind sie größer und selbständiger und wollen mir nicht mehr ihre Gedanken und Entdeckungen mitteilen. Und dann werde ich mir wünschen, ihnen mehr zugehört zu haben. Mehr an ihren Gedanken teilgenommen zu haben.

Aber jetzt ist die Zeit. Jetzt kann ich mich dafür entscheiden, eine gute Zuhörerin zu werden. Denn Zuhören will gelernt sein. Auch uns Müttern tut es gut. Jetzt kann ich mich darin üben, andere wichtiger zu nehmen als mich selbst. Jetzt.

„Herr, bitte hilf mir, mehr wie du zu sein! Hilf mir, mich nicht so wichtig zu nehmen! Hilf mir, anderen wirklich zuzuhören! Auch wenn es nur um Kleinigkeiten geht. Lass mich den Wert dahinter verstehen – die Beziehung! Damit ich meinen Kindern ein Stück von der Geborgenheit geben kann, die ich bei dir jeden Tag erlebe. Danke, dass du der beste Zuhörer bist! Und danke, dass auch ich lernen kann, eine gute Zuhörerin zu werden!"

MÜTTER HALTEN
IHRER KINDER HÄNDE
FÜR EINE WEILE UND
IHRE HERZEN FÜR IMMER.

Unbekannt

Verschüttete Milch

„Wie oft muss ich euch das denn noch sagen?", schimpfe ich meine Jungs an. „Es kann doch nicht sein, dass ihr schon wieder ..."

Ich rede mich gerade so richtig in Rage, als meine Tochter jetzt auch noch versehentlich ihren Becher Milch umkippt. Weiße Fluten ergießen sich auf den Boden, der doch gerade frisch gewischt war. Ich raste aus.

Harte Worte. Unbeherrschte Gefühle. Tja, das passiert eben manchmal. Auch in den besten Familien, oder? Gerade in diesen Stresssituationen gehen sie einem so leicht von den Lippen. (Wie zum Beispiel sonntagmorgens vor dem Gottesdienst, wenn man nicht schon wieder zu spät kommen möchte ...)

Eigentlich ist es nicht das, was wir uns wünschen. Eigentlich wünschen wir uns doch eine liebevolle Atmosphäre. Meinem Mann und mir ist es sehr wichtig, dass wir in unserer Familie einen freundlichen Umgangston pflegen. Wir sind beide sehr harmonieliebende Menschen und mögen keine harschen und mürrischen Worte. Deshalb legen wir viel Wert auf Höflichkeit, Freundlichkeit und „warme Worte".

Das bedeutet aber im Umkehrschluss, dass auch wir einen freundlichen und liebevollen Ton wählen müssen. Oder? Sowohl im Umgang mit unseren Kindern als auch miteinander oder Fremden gegenüber. Und da sind wir schon beim Punkt. Denn das kann auch für friedliebende Menschen eine Herausforderung sein. Sosehr ich es schätze, freundlich behandelt zu werden, muss ich doch bekennen, dass ich noch längst nicht immer freundlich bin.

Die Frau, die in Sprüche 31 beschrieben wird, fasziniert mich sehr. Es heißt über sie:

Freundliche Weisung ist auf ihrer Zunge
(Sprüche 31,26; ELB).

Freundliche Weisung. Diese etwas alte Formulierung bedeutet eigentlich nichts anderes, als dass diese Frau auf harte, zickige Worte verzichtet. Sie redet freundlich und sanft mit ihren Mitmenschen. Und mit ihrer Familie. Wenn wir ehrlich sind, fällt uns das ja meistens am allerschwersten. Bei Fremden oder etwas Fernstehenden reißt man sich ja noch oft zusammen, aber in den eigenen vier Wänden lässt man seinen Emotionen dann schon mal gerne freien Lauf. Dabei sind es doch gerade diese Menschen, die wir am meisten lieben. Denen wir so gerne die größte Liebe entgegenbringen möchten.

Ich wünsche mir sehr, von dieser Sprüche-Frau zu lernen: nicht die Nerven zu verlieren, wenn meine Kinder mal wieder etwas über die Stränge geschlagen haben. Oder wenn der Becher Milch verschüttet wird. Auch wenn diese Situationen mich nicht in Jubelsprünge versetzen müssen: Ich kann lernen, ruhig und freundlich zu bleiben. Das heißt nicht, dass ich jeden Quatsch tolerieren muss. Oder nie sagen dürfte, wenn mich etwas stört oder wenn etwas nicht richtig läuft.

Es ist interessant, dass es hier heißt „freundliche Weisung" und nicht „freundliche Worte". Es geht darum, jemandem etwas beizubringen. Jemandem den Weg zu weisen. Oder in Mamasprache: zu erziehen. Ich bin also vor die Aufgabe gestellt, freundlich und liebevoll zu erziehen. Da frage ich mich natürlich: Bin ich noch freundlich, wenn ich meinen Kindern etwas nahebringen möchte? Oder verliere ich viel zu schnell die Geduld und werde zickig?

Wenn mir eine liebevolle Atmosphäre wichtig ist, dann muss ich bei mir selbst anfangen. Ich bin herausgefordert, erst einmal diszipliniert zu sein und auf meine eigenen Worte zu achten. Ich muss mich selber ständig fragen: „Ist das, was ich jetzt sagen oder tun möchte, höflich und freundlich?" Und wenn ich zu dem Ergebnis komme, dass es das nicht ist, sollte ich meine harten Worte vielleicht einfach runterschlucken und sie nicht aussprechen.

Ich denke, dass es wichtig ist, dass wir uns eine Sache bewusst machen: Wir Frauen sind keine Sklaven unserer Emotionen. Wir sind fähig, uns im Griff zu haben. Wir müssen nicht hilflos jedem Gefühlsausbruch nachgeben. Es ist eine Sache der Entscheidung und der Selbstbeherrschung. Und daran kann man arbeiten. Auch wenn es nicht leicht ist.

Gott gibt gerne, wenn wir ihn um Hilfe bei solchen Dingen bitten. Ich kann ihn jeden Tag bitten, mir zu helfen, meine Emotionen im Zaum zu halten. Ich kann um die Kraft beten, freundlich zu bleiben, selbst wenn ich ausrasten könnte. Ich bin nicht auf mich allein gestellt.

„Sorry, aber der war schlecht!"

„O nein! Die Ferien beginnen. Ich weiß gar nicht, wie ich das überleben soll, meine Kinder von morgens bis abends um mich zu haben. Am besten geb ich mir sofort die Kugel", posaunt eine Mama laut durch den Raum. Einige andere springen lachend auf den Zug. „Ja, das kenn ich", witzelt die Nächste. „Es macht mich auch immer wahnsinnig, den ganzen Tag von meinen Kindern umgeben zu sein. Danach kannst du mich nur noch einliefern." Fröhlich und locker flockig nimmt das Gespräch seinen Gang und eine versucht die nächste mit ihren „Und-bei-mir-erst"-Stories zu übertrumpfen. Lautes Lachen. Gute Laune. Diese Art von Humor begegnet einem leider gar nicht so selten, wenn Mamis zusammentreffen. Man tauscht sich aus. Bemitleidet sich oberflächlich. Und versucht sich mit all dem gegenseitig zu unterhalten, was sich die Kids mal wieder so geliefert haben.

Es tut mir leid, das einmal so hart zu sagen, aber diese Witze sind nicht witzig. Sie sind sogar ziemlich schlecht. Schlecht, weil sie auf Kosten anderer gemacht werden. Auf Kosten unserer eigenen Kinder. Ich frage mich, wie wir uns fühlen würden, wenn die Menschen, denen wir am meisten vertrauen und die wir über alles lieben, solche Dinge über uns ausplaudern würden. Und das dann auch noch witzig finden. Würden wir es unserer Freundin nicht extrem übel nehmen, wenn sie unsere Schwachstellen als Mittel nehmen würde, um mal so richtig Aufmerksamkeit zu bekommen, weil sie damit Stoff zum Blödeln liefert? Oder wäre nicht der nächste Ehestreit vorprogrammiert, wenn unser Mann sich vor seinen Freunden mit Stories über unsere peinlichen Momente brüstet?

Ich frage mich, warum man sich das dann bei den eigenen Kindern herausnimmt. Sollten nicht eigentlich wir Mamas diejenigen sein, die sie vor anderen in Schutz nehmen und sie sogar verteidigen? Die ihnen eine Vertrautheit bieten, in der man auch mit seinen Ecken und Kanten angenommen und geliebt wird? Ohne Angst, bloßgestellt zu werden?

Um Missverständnissen entgegenzuwirken: Ich bin auch kein Geduldsengel. Und meine Kinder sind normale Kinder, die sich so manche Dinge leisten. Auch ich kenne diese Momente sehr gut, in denen ich verzweifeln könnte und mir nur noch diese blöde einsame Insel herbeiwünsche. Und auch die Versuchung, mal ein paar vermeintlich erheiternde Geschichten über meine Kinder zur Unterhaltung beizutragen, ist mir nicht fremd.

Ich muss gestehen, dass ich nicht immer so verschwiegen war, wie ich hätte sein sollen. Auch ich hab schon Dinge von meinen Kindern preisgegeben, die ich vertraulicher hätte behandeln sollen. Und es tat mir im Nachhinein sehr leid. All diese Dinge sind kein Grund, meine Kinder vor anderen bloßzustellen. Es ist einfach nicht richtig, wenn Mamas sich über ihre Kinder lustig machen und schlecht über sie reden.

Mir fällt auf, dass es deutlich weniger Mamas gibt, die auch über sich lachen können und witzige Anekdoten erzählen, wie sie selbst ins Fettnäpfchen gestampft sind. Die meisten möchten nicht, dass man über sie lacht. Aber warum sind viele Frauen so schnell dabei, über ihre Kinder solche Storys zu erzählen? (Und über ihre Ehemänner ebenfalls, aber das ist eine andere Geschichte.)

Klar, nichts ist daran auszusetzen, wenn man ein paar witzige Begebenheiten erzählt, die niemanden bloßstellen. Unser Sohn zum Beispiel ist einfach der beste Sprücheklopfer. Es ist zu lustig, was er manchmal von sich gibt. Das erzählen wir schon mal gern. Aber es sind Dinge, die ihn nicht schlecht dastehen lassen. Die eben einfach nur zeigen, wie genial kindliche Logik sein kann.

Und ja, es stimmt. Man braucht auch mal einen tief gehenden

oder witzigen Austausch mit einer Freundin, der eigenen Mutter oder anderen Mamas. Man muss irgendwo mal ehrlich sein können und Masken ablegen dürfen. Man muss sich Rat holen können, wenn man nicht mehr weiß, wie man mit den Trotzattacken der Tochter umgehen soll. Oder wenn man sich fragt, wo einem die Luft zum Atmen bleibt, wenn man ständig in der Situation steht, geben zu müssen. Ich bin sehr für derartige Gespräche, weil sie uns Hilfe, Trost und neue Inspiration geben. Alles Dinge, die wir so dringend brauchen. Die wichtig sind, damit wir nicht ausbrennen oder in Depressionen verfallen.

Aber es gibt einen kilometerweiten Unterschied zwischen diesen und jenen Gesprächen. Die einen sind vertraulich und werden nur mit wenigen sehr ausgewählten Personen geführt. Die anderen werden mit jedem geteilt, der gerade gewillt ist zuzuhören. Die einen dienen dem Zweck, Orientierung und Lösungen zu finden. Gemeinsam dafür im Gebet einzustehen und sich gegenseitig zu helfen. Die anderen sollen Unterhaltung liefern.

Ich denke, dass wir alle genau wissen, worum es hier geht, und den Unterschied der Gespräche sehr gut verstehen. Es ist wichtig, dass wir unsere Worte weise wählen und uns darüber im Klaren sind, dass sie weitreichende Konsequenzen haben. Zum Guten oder Schlechten. Jesus warnt uns eindringlich vor unbedachtem und sinnlosem Gerede:

*„Ich sage euch: Am Tag des Gerichts
werden die Menschen Rechenschaft über jedes nutzlose
Wort ablegen müssen, das sie gesagt haben"
(Matthäus 12,36; NeÜ).*

Das sind ermahnende Worte, die mich immer wieder zum Nachdenken bringen. Ich ärgere mich über mich selbst, dass ich schon so viel unüberlegtes Zeug von mir gegeben habe. Aber es motiviert mich auch, mehr auf das zu achten, was ich sage oder nicht sage.

Worte haben eine unglaubliche Macht. Wir sollten sie zum Guten nutzen. Es ist eine unglaubliche Chance, durch unsere Worte Liebe, Ermutigung und Freude in das Leben unserer Kinder zu bringen. Und von solchen Worten können wir nie genug sprechen.

EINE MUTTER
IST DER EINZIGE MENSCH
AUF DER WELT,
DER DICH SCHON LIEBT,
BEVOR ER DICH KENNT.

Johann Heinrich Pestalozzi

Der größte Liebesbeweis

Meine Liebe,

wusstest du, dass Vergebung unerlässlich ist für liebevolle Beziehungen? Es gibt kaum etwas anderes, das so wichtig ist in der Liebe. Ohne Vergebung ist wahre Liebe nicht möglich. Warum? Weil jeder Mensch schuldig vor Gott und anderen Menschen wird und Vergebung nötig hat. Jeder – du, dein Mann, deine Kinder, alle.

Vergebung ist nie einfach. Denn bei Fehlern und Sünde wird etwas zerbrochen. Das ist schmerzhaft. Die Wiederherstellung erfordert Aufwand. Deshalb ist Vergebung so unglaublich schwer.

Sünde und Vergebung sind so gegensätzlich. Das eine tötet, das andere bringt zum Leben. Das eine zerstört, das andere heilt. Das eine schadet Beziehungen und zerreißt sie, das andere dagegen stellt sie mühsam wieder her. Das eine ist schnell und grob, das andere ist langsam und sensibel. Vergebung braucht Zeit und die Kosten sind hoch, weil so viele Scherben vor einem liegen. Sie müssen alle mühevoll aufgesammelt und sortiert werden und sie stechen das Herz blutig. Deshalb sind Beziehungen zu Gott und zueinander so kostbar. Sie brauchen Zeit, sie zerbrechen schnell, sie brauchen Fürsorge.

Vergebung hat mich alles gekostet. Aber meine Liebe zu den Menschen reicht so weit, dass mir kein Opfer zu groß und nichts zu hart war, um Vergebung zu ermöglichen. Ich gab, was mir am wichtigsten ist – meinen Sohn. Meine Liebe ist so stark, dass mich nichts zurückhalten konnte. Ich wollte dir vergeben. Ich vergebe dir und ich werde dir immer vergeben. Meine Vergebung ist der größte Beweis meiner Liebe zu dir.

Lerne von mir Vergebung! Sie ist auch der Beweis deiner Liebe zu anderen. Sei immer bereit, Vergebung zu schenken. Ich vergebe dir, meinem Kind, immer, wenn du mich darum bittest. Lerne auch du deinen Kindern immer zu vergeben! Auch dann, wenn sie dich nicht darum bitten. Hege keine Bitterkeit in deinem Herzen. Sie zerstört Beziehungen wie nichts anderes.

Manchmal fällt es dir richtig schwer, deinen Kindern zu vergeben. Und ich kann deine Schwierigkeiten damit verstehen. Wie gesagt: Vergebung ist nie einfach. Vergebung ist ein Gehorsamsschritt. Tu es einfach! Auch dann, wenn du dich so gar nicht danach fühlst. Wenn die Emotionen noch ihr Unwesen in dir treiben.

Aber auch du hast Vergebung nötig! Auch du tust deinen Kindern manchmal unrecht. Auch sie erfahren Verletzungen durch dich. Auch wenn sie das oft noch nicht richtig in Worte fassen können. Zeige ihnen auch dann, wie Vergebung gelebt wird. Sei bereit, den ersten Schritt zu gehen. Sei nicht zu stolz, um deine Fehler offen zuzugeben. Sei nicht zu stolz, deinem 2-Jährigen zu bekennen, dass du falsch gehandelt oder überreagiert hast oder ihm gegenüber lieblos warst. Sei bereit, deine Kinder um Vergebung zu bitten! Dadurch setzt du ein wunderschönes Beispiel und Vorbild für wirkliche Liebesbeziehungen.

Durch Vergebung beweist du deinen Kindern deine Liebe zu ihnen. Egal ob du dran bist, ihnen zu vergeben, oder ob du dran bist, sie um Vergebung zu bitten. Vergebung gehört zur Liebe.

Bitte mich, dir zu helfen! Vergebung ist nie leicht. Aber sie ist möglich durch mich. Ich möchte dir helfen, Vergebung zu verschenken, wenn du es nicht kannst, weil du dich so verletzt fühlst. Und ich möchte dir helfen, um Vergebung zu bitten, wenn dein Stolz dir im Weg steht.

In Liebe

dein dir immer vergebender Vater

Mamas unter sich

Ich möchte dich um Vergebung bitten! So oft habe ich schlecht über dich gedacht. Und manchmal habe ich es sogar ausgesprochen. Du fragst dich, wer ich bin? Ich bin die andere Mama, die, die dich belächelt, kritisiert und abschätzend behandelt hat. Die, die versäumt hat, dir Wertschätzung und Ermutigung entgegenzubringen.

Ich dachte immer, du bist so stark. Könntest meine Kritik mal eben so wegstecken. Aber da täusche ich mich. Du bist unsicher. Genauso unsicher wie ich. Genauso wie alle anderen.

Wenn wir ehrlich sind, dann müssen wir zugeben, dass wir Mamas dazu neigen, andere Mamas zu verurteilen. Eigentlich supertraurig, oder? Aber es passiert so leicht. Manchmal merken wir es schon gar nicht mehr.

Denn eigentlich brauchen wir uns gegenseitig so sehr. Wir sind Mitstreiterinnen. Setzen uns für dieselbe Sache ein. Für unsere Kinder. Und wer könnte eine bessere Ermutigerin sein als eine Mitkämpferin, die im selben Boot sitzt? Die weiß, wie es sich anfühlt, wenn man sich die Nächte um die Ohren schlägt, weil das Baby krank ist. Die weiß, wie es sich anfühlt, wenn man nach stundenlangen Wehen doch noch per Notkaiserschnitt entbinden muss. Die weiß, wie es sich anfühlt, wenn das eigene Kind nicht so schnell lernt wie die anderen. Unser Job als Mama ist schon herausfordernd genug. Wir brauchen einander, um uns zu unterstützen und anzufeuern. Wir brauchen nicht noch einen Kritiker mehr. Die gibt es schon genug. Oft sind wir selbst unsere größten Kritiker.

Liebe verurteilt nicht, sondern ermutigt. Und ich möchte so gerne eine liebende Frau sein. Eine, in der Gottes Liebe Gestalt annimmt. Manchmal frage ich mich: Wie würde Jesus handeln? Wie würde er sein, wenn er hier und heute eine Mutter wäre? Und dann merke ich: Er wäre so anders. So vollkommen. So absolut liebevoll. Und er wäre nicht nur liebevoller zu meinen Kindern oder meinem Mann, sondern auch zu anderen Mamis. Auch dann, wenn Überzeugungen auseinandergehen und man nicht jede Ansicht teilt. Denn Überzeugungen sind keine Bedingung für Liebe. Gott zeigt sehr deutlich, dass er auch dann liebt, wenn Menschen nicht auf seinen Wegen gehen. Ich sollte anfangen, da von ihm zu lernen.

Kann man die andere Mama auch dann lieben, wenn ihre Überzeugungen anders sind als die eigenen? Kann man sie lieben, obwohl sie arbeiten geht und man eine überzeugte Hausfrau ist, die bei den Kindern zu Hause bleibt? Kann man sie lieben, wenn sie ihre Kinder erst mit 4 in den Kindergarten bringt und man selbst schon wieder arbeiten geht, seitdem das Kind mit 1 die Krippe besucht? Kann man sie lieben, wenn sie nur im Bioladen einkauft, während man als Familie auch mal Fast Food futtert? Kann man sie lieben, wenn sie auf Gebärdensprache mit Babys schwört und man selbst das albern findet? Kann man sie lieben, wenn sie nur ein Kind zum Verwöhnen möchte, während man selbst Großfamilien schätzt? Kann man sie lieben, auch wenn sie so ganz anders ist als man selbst?

Wir müssen nicht unsere Überzeugungen teilen, um lieben zu können. Und wir müssen auch nicht unsere Überzeugungen aufgeben. Aber wir sollen lieben, anstatt zu verurteilen. Auch wenn man sich das manchmal nur schlecht vorstellen kann: Wir Mamas tragen alle dieselbe alles überragende Liebe für unsere Kinder in uns. Ganz gleich, wie unser nationaler oder kultureller Background ist. Und wir gehen durch dieselben Herausforderungen.

Liebe Mitmami, ich möchte dich um Vergebung bitten. Meine Gedanken und Worte dir gegenüber waren leider nicht immer von Liebe bestimmt. Aber das soll nicht so sein. Ich möchte dich wertschätzen und respektieren. Dich ermutigen und anfeuern auf unserem gemeinsamen Weg. Bitte hab Geduld mit mir. Ich möchte immer mehr lernen, dir so zu begegnen, wie es auch Jesus tun würde.

Mit Liebe.

DIE LIEBE ALLEIN
VERSTEHT DAS GEHEIMNIS,
ANDERE ZU BESCHENKEN
UND DABEI SELBST
REICH ZU WERDEN.
Clemens Brentano

Ein Geschenk der Liebe

Meine Tochter,

ich möchte dir gerne einen wichtigen und wundervollen Weg zeigen, wie du deine Kinder lieben kannst. Es ist der Weg des Gebetes. Ja, es stimmt, dass du das schon regelmäßig für sie tust. Aber ich meine mehr, als dir nur dann und wann kurz ein paar Dinge für sie zu wünschen. Es geht darum, für sie auf den Knien zu kämpfen. Mit all deiner Kraft für sie vor mir einzustehen. Dich für sie im Gebet hinzugeben. Und das nicht nur sporadisch. Sondern regelmäßig.

Es gibt kaum etwas Wertvolleres, das du deinen Kindern schenken kannst, als das Gebet. Wenn du eine Mama nach meinem Herzen sein möchtest, dann ist es unerlässlich, dass du dir die Zeit nimmst, für sie zu beten.

Ich weiß, dass es dir oft viel leichter fällt, mit anderen zu reden, wenn Probleme entstehen und du dir einen Rat in der Erziehung und im Umgang mit deinen Kindern wünschst. Nicht, dass es falsch ist, von anderen zu lernen. Du könntest das noch viel öfter tun. Aber solltest du nicht zuerst zu deinem himmlischen Vater kommen? Macht es nicht Sinn, mich zuerst um Hilfe und um Rat zu bitten?

Wenn du dir nur darüber im Klaren wärst, was ich alles verändern würde, wenn du mehr beten würdest. Mir sind keine Grenzen gesetzt. Mir ist alles möglich. Ich verspreche dir: Wer bittet, dem wird gegeben. (Lies mal Matthäus 7,8 nach.) Aber leider setzt du dir manchmal Grenzen, indem du meinen Segen nicht ungehindert fließen lässt. Einfach nur, weil du nicht mehr darum bittest. Ich gebe dir von Herzen gerne. Aber ich möchte von dir darum gebeten werden. Ich warte auf dich. Auf deine Einladung, im Leben deiner Kinder zu wirken. Mehr zu wirken. Natürlich habe ich die Fäden in der Hand. Ich gestalte ihr Leben auch jetzt schon. Aber ich kann über die Maßen mehr tun, als du dir nur vorstellen kannst. Wenn du betest.

Ich frage dich: Wann hast du das letzte Mal für deine Kinder gebetet? Bitte sei dir bewusst, dass ich dich nicht überlaste. Wenn du keine Zeit findest, um für sie im Gebet einzustehen, dann tust du mehr, als ich von dir möchte. (Und doch gleichzeitig zu wenig, weil das Gebet zu kurz kommt.) Bitte nimm dir diese Zeit! Du kannst einen ewigen Unterschied im Leben deiner Kinder dadurch machen. Es wird nie vergeudete Zeit sein. Zeit mit mir zu verbringen und deine Familie vor mich zu bringen, ist keine verschwendete Zeit, sondern die wertvollste Zeit.

Liebe sie durch dein regelmäßiges und hingegebenes Gebet! Es ist ein großes Geschenk!

Dein Vater

Von Fotos und Bibelversen

Es ist so wichtig, für seine Kinder zu beten. Aber manchmal weiß man nicht so richtig, wie man das tun soll. Mir geht es zumindest manchmal so. Ich ertappe mich dabei, wie ich immer wieder dieselben Worte gebrauche und immer wieder für die gleichen Dinge bitte. Und das Gefühl bleibt: Du könntest mehr und besser für sie beten. Es kann doch nicht alles sein. Es muss doch kreativer möglich sein.

Ich habe in letzter Zeit versucht, mir in diesem Bereich etwas mehr Vielseitigkeit anzueignen. Hier ist eine Liste von Dingen, die mir sehr helfen, wenn ich für meine Kinder bete.

Fotos

Mir hilft es sehr, wenn ich ein Foto meines Kindes in den Händen halte und anschaue, während ich bete. Diese visuelle Stütze ist für mich eine große Hilfe, mich nicht ablenken zu lassen. Ich habe in meiner Bibel einen schönen Umschlag, in dem ein Foto meines Mannes und jedes meiner Kinder ist. So habe ich meine „Gebetshilfe" immer griffbereit, wenn ich mir Zeit für die Stille mit Gott nehme.

Gebetslisten: Für jedes Kind eine

Auch sehr praktisch finde ich Gebetslisten. Ich schreibe einfach alles auf, wofür ich für meine Kinder beten möchte, und gehe diese Liste immer mal wieder im Gespräch mit Gott durch. Das hilft mir, nicht immer dasselbe zu beten, sondern mir genau

Gedanken darüber zu machen. Außerdem erkenne ich Gebetserhörungen dadurch viel besser. Es ist schon genial, wenn man
ein Häkchen nach dem anderen hinter Gebetsanliegen setzen
kann.

Bibelverse beten

Ein weiterer wundervoller Weg, auf den ich letztens gestoßen
bin, ist das Beten von Bibelversen für meine Kinder. Gerade die
Gebete von Paulus für seine neu gegründeten Gemeinden (z. B.
in den Briefen an die Epheser oder Philipper) bieten sich her-
vorragend dafür an. Man kann den Namen des Kindes in den
Vers einbauen und so zu Gott beten.

Zum Beispiel können die Verse aus Epheser 1,16-18 (NL) so
zu einem Gebet umformuliert werden:

*„Ich bete ständig für euch und bitte den Gott unseres Herrn Jesus
Christus, den Vater der Herrlichkeit, euch den Geist der Weisheit
und Einsicht zu schenken, damit eure Erkenntnis von Gott immer
größer wird. Ich bete, dass eure Herzen hell erleuchtet werden,
damit ihr die wunderbare Zukunft, zu der er euch berufen hat,
begreift und erkennt, welch reiches und herrliches Erbe er den
Gläubigen geschenkt hat."*

*„Herr, ich bitte dich für _____, dass du ihm/ihr deinen Geist der
Weisheit und Einsicht schenkst, damit seine/ihre Erkenntnis von
dir immer größer wird. Ich bete, dass sein/ihr Herz hell erleuchtet wird, damit er/sie die wunderbare Zukunft, zu der du ihn/sie
berufen hast, begreift und erkennt, welch reiches und herrliches
Erbe du ihm/ihr geschenkt hast."*

Da man auf diese Weise Gottes Wort betet, kann man sicher
sein, dass man im Einklang mit seinem Willen betet. Diese Gebete sind sehr kraftvoll und vielseitig. Außerdem drehen sie

sich nicht ständig um die alltäglichen Kleinigkeiten (die natürlich auch ihre Berechtigung haben, aber manchmal bei mir zumindest etwas zu sehr im Vordergrund stehen), sondern befassen sich in erster Linie um die Bitte um Glaubenswachstum.

Regelmäßiges Gebet mit anderen Mamas

Seit ein paar Monaten treffe ich mich regelmäßig mit drei weiteren Mamas zum Beten. Wir nehmen uns möglichst eine Stunde in der Woche Zeit, um für unsere Kinder vor Gott einzustehen. Wir nutzen diese Zeit bewusst zum Beten und nicht nur zum Austausch darüber, wofür man beten kann. Es ist sehr berührend zu hören, wie andere Mamas für die eigenen Kinder beten, und es ist noch genialer zu sehen, wie Gott Gebete erhört.

Träume meine Träume

Meine Tochter,

ich möchte dich gerne etwas fragen: Wie sehr liebst du deine Kinder? Wie viel bist du bereit, für sie aufzugeben? Ich weiß, dass du jetzt antworten möchtest mit einem „Natürlich alles". Und es stimmt, du hast bereits auf eine Menge für sie verzichtet. Für sie trittst du selbst kürzer mit deiner Freizeit, deinem Geld, deiner Zeit und noch vielem mehr. All die Dinge, von denen du überzeugt bist, dass sie ihnen guttun, möchtest du ihnen so gerne ermöglichen.

Aber was ist, wenn es um etwas geht, das dir nicht gefällt? Vom dem du nicht überzeugt bist, dass es ihnen guttut? Was ist, wenn ich etwas für sie bereithalte, das du nicht möchtest? Liebst du sie genug, um sie meine Wege gehen zu lassen? Und vertraust du mir genug, um zu glauben, dass ich das Beste mit ihnen im Sinn habe? Auch dann, wenn du dir ihr Leben so ganz anders vorgestellt hast?

Ich weiß, dass das etwas ist, was unheimlich schwer für dich ist. Deine Kinder in meine Hände zu geben. Es ist eine Sache des Vertrauens. Eine Glaubensprobe. Aber ich möchte dir gerne zusichern, dass meine Hände der beste Ort für sie sind. Du kannst ihnen und dir nichts Besseres ermöglichen. Auch dich möchte ich gerne in meine Hände miteinschließen. Ich gebe dir die Ruhe, wenn du besorgt um sie bist. Wenn du kein Auge zudrücken kannst. Deine Tränen ihretwegen fließen. Ich bin für dich genauso da, wie ich es für sie bin.

Deine Kinder gehören nicht dir. Sie gehören mir. Sie sind dir nur für eine Weile anvertraut. Und du erfüllst deine Aufgabe großartig. Aber glaube mir, dass sie sicher bei mir sind. Ich bin ihr eigentlicher Vater. Ich habe sie liebevoll erdacht. Und ich habe nicht nur sie geplant, sondern auch ihren Lebensweg. Erlaubst du ihnen, diesen Weg zu gehen? Auch dann, wenn er dir nicht gefällt? Wenn er sie vielleicht weit weg führt von dir? In eine andere Stadt. Ein anderes Land. Oder sogar auf einen anderen Kontinent? Wenn sie mir folgen wollen, um mir dort zu dienen? Erlaubst du ihnen, mir mehr zu gehorchen als dir? Und unterstützt du sie darin, mir nachzufolgen, selbst wenn das enormen Verzicht für dich als Mutter bedeutet? Oder wenn mein Plan für sie auch Schwierigkeiten und Leid beinhaltet? Ermutigst du sie weiterzumachen, selbst wenn sie in dieser Welt keinen Ruhm ernten? Wenn sie missverstanden werden? Und das nur, weil sie mir auf dem schmalen Weg folgen?

Mache dir immer wieder bewusst, was wirklich in diesem Leben zählt. Im Licht der Ewigkeit ist es gleichgültig, ob sie als Klassenbeste ihren Abschluss gemacht haben. Ob sie Topsportler sind. Oder ob sie beruflich Karriere machen. Diese Dinge sind gut. Aber lege nicht zu viel Wert darauf. Letztlich zählt es nicht, ob deine Kinder sich später mal etwas leisten können und es finanziell besser haben, als du es ihnen ermöglichen konntest. Sondern es zählt, ob sie mich von ganzem Herzen geliebt haben. Und ob sie bereit waren, alles für mich zu geben.

Vertraust du mir? Glaubst du, dass mein Wille für ihr Leben zählt? Träumst du meine Träume für ihr Leben?

Lehne dich bei mir an, wenn es schwierig für dich wird! Wenn du herausgefordert bist, mir deine Kinder anzuvertrauen. Ich bin bei dir. Und ich bin deine Stärke.

EINE MAMA ZU SEIN,
IST KEIN LEICHTER JOB,
ABER ES IST IN JEDEM FALL
DER BESTE JOB, DEN MAN SICH
WÜNSCHEN KANN.

Unbekannt

Ich liebe dich

Ich liebe dich so sehr, dass ich es eigentlich gar nicht in Worte fassen kann. Aber ich möchte es trotzdem versuchen. Du bist eines der größten Wunder meines Lebens.

Vom ersten Tag an war ich fasziniert, wie wunderbar Gott dich in mir geschaffen hat. Bei jedem Ultraschall konnte ich nur staunen. Du warst da. So plötzlich. So klein. So unglaublich perfekt und schön. Was für ein Gefühl war es zu sehen, wie dein kleines Herzchen schlägt. Wie du zappelst. Am Daumen nuckelst. Dein erster spürbarer Tritt in meinem Bauch. Wunder über Wunder.

Oder der Moment, als ich dich zum ersten Mal in meinen Armen halten durfte. Es war unbeschreiblich schön. Ich konnte meinen Blick kaum von dir abwenden. Du bist das schönste Baby, das es geben kann. Ich werde alles versuchen, um dich glücklich zu machen. Für dich zu sorgen. Immer für dich da zu sein. Ich liebe dich so sehr.

Es tut mir so weh zu sehen, wie du durch Schwierigkeiten gehen musst. Deine Schmerzen beim Zahnen. Deine vielen Versuche, endlich zu gehen. Wie andere Kinder dir dein Spielzeug wegnehmen. Diese Nadel bei deiner Impfung. Oder deine Angst vor diesem großen Hund. Ich würde dich so gerne vor allem Leid beschützen. Aber das kann ich nicht. Dennoch werde ich da sein. Dich nicht alleine lassen. Für dich beten.

Ich liebe dich so sehr. Und deshalb muss ich dir auch mal Grenzen setzen. Ein Nein sagen. Glaube mir, es fällt mir nicht leicht.

Aber ich tue es aus Liebe zu dir. Ich weiß, dass es gut für dich ist. Dass es dir schaden würde, wenn du immer deinen Willen bekommen würdest. Ich möchte dein Bestes. Und aus Liebe zu dir nehme ich auch mal in Kauf, wenn du wütend auf mich bist, weil ich Nein sage.

Ich wünsche mir von Herzen, dass du glücklich wirst. Dass du deine Träume für dein Leben leben kannst. Dass du entdeckst, welch ein Potenzial Gott in dich hineingelegt hat. Er hat dich perfekt erschaffen. Du bist ein Wunder. Gebrauche deine Gaben und Fähigkeiten! Das wird dich erfüllen und zufrieden machen. Nutze jeden Tag! Er ist ein Geschenk Gottes an dich. Lebe seinen Plan für dein Leben! Es gibt keinen besseren.

Du hast mein Leben über die Maßen reich gemacht. Ich kann mir gar nicht vorstellen, wie es ohne dich wäre. Gott hat mich mit dir so sehr beschenkt. Du bist ein Wunder. Mein persönliches Wunder. Es ist so schön, dass du da bist.

Ich liebe dich so sehr, dass ich es eigentlich gar nicht in Worte fassen kann. Aber ich möchte es trotzdem versuchen. Du bist eines der größten Wunder meines Lebens.

Ich liebe dich!

Deine Mami

5

Freude

ERFÜLLT LEBEN

Happy Mommy

Du kennst bestimmt diese Stresssituationen mit kleinen Kindern, in denen man sich fragt, was man nur verbrochen hat. (Lass mich überlegen … welche der vielen Möglichkeiten soll ich nur erwähnen? Hmm … Wie wär's mit Wutanfall im Supermarkt? Oder doch lieber der Moment, wenn die Windel ausgelaufen ist und man feststellt, dass man keinen Ersatz mehr in der Wickeltasche hat?)

Tja, das sind diese Momente. Momente, die zum Mamaleben dazugehören. Die uns in unserer Geduld und Liebe stretchen. Aber neben all den herausfordernden Aspekten des Elterndaseins dürfen wir eine Wahrheit nie aus den Augen verlieren: Gott beschenkte uns mit unseren Kindern, um uns mit Glück und Freude zu überschütten. Gottes Design für das Mamasein ist randvoll gefüllt mit Freude.

Es heißt in der Bibel:

Der unfruchtbaren Frau schenkt er Kinder,
damit sie eine glückliche Mutter wird. Halleluja!
(Psalm 113,9; NL).

Eine glückliche Mutter. Kannst du dich mit dieser Bezeichnung identifizieren? Bist du glücklich oder ziehen dich die Verantwortung und die Sorgen des Alltags immer wieder runter? Kannst du mit einem Lächeln in den neuen Tag starten oder musst du eher deine Tränen verstecken?

Wie wäre es, wenn du dich ganz neu auf Gottes Pläne für dich als Mama einlässt? Wenn du dich ganz neu dafür entscheidest, das Glück im Leben mit Kindern zu sehen? Gott hat dir deine Kinder geschenkt, um dich glücklich zu machen. Entdecke, wie er dein Leben durch sie so reich, so bunt und schön macht …

Was ist ein Kind?
Das, was das Haus
glücklicher, die Liebe stärker,
die Geduld größer,
die Hände geschäftiger,
die Nächte kürzer,
die Tage länger und
die Zukunft heller macht!

Unbekannt

Achterbahn der Gefühle

Meine Liebe!

Welche Gedanken kommen dir, wenn du ans Mamasein denkst? Glück? Zufriedenheit? Liebe? Schmerz? Anstrengung? Verzweiflung? Zerrissensein zwischen Beruf, Haushalt und Familie? Oder alles zusammen? Ja, deine Mamagefühle können manchmal ganz schön vielseitig sein und Achterbahn in dir fahren.

Und weißt du was? Das dürfen sie auch. Ich, Gott, erwarte nicht von dir, dass du die ständige Stimmungskanone für alle bist. Auch du darfst schwach sein und dir und mir eingestehen, dass du mal das eine oder andere Tief hast.

Dennoch möchte ich dir gerne etwas sagen. Und dir damit ein Geschenk machen. Dich vielleicht von einer Last befreien: Du darfst lachen! Ja, du hast richtig gehört. Du darfst lachen. Dich einfach ausgelassen freuen. Freude und Lachen gehören zum Mamaalltag dazu. Genauso wie all die Herausforderungen.

Ich weiß, wie sehr deine Sorgen dich einnehmen und dir dein Lachen rauben wollen. Wie schnell die Verantwortung und die vielen Verpflichtungen dir dein Lächeln erdrücken. Und genau deshalb möchte ich dich befreien. Dir die Freiheit schenken, wieder zu lachen. Und zu genießen. Und das nicht erst, wenn dein Baby endlich schläft oder die Größeren endlich im Kindergarten und der Schule untergebracht sind. Nein, ich möchte dir Freude und Glück mitten im Trubel des Alltags mit deinen Kleinen geben.

Über eine Mama in der Bibel heißt es:

Sie lacht und hat keine Angst vor dem kommenden Tag
(Sprüche 31,25; NL).

Wusstest du, dass ich genau das auch über dich sagen möchte? Ich wünsche mir, dass auch du zu einer Mama wirst, die dem nächsten Tag zulachen kann. Die sich nicht in den Sorgen des Lebens verliert, sondern die dem Leben durch ihr Lachen Glanz verleiht. Die die Schönheit des Augenblicks erkennt und sich daran freut, anstatt nur Probleme und Herausforderungen zu sehen.

Es stimmt, dass nicht immer alles im Leben glattläuft. Vieles ist sogar sehr schwer zu bewältigen. Viele Dinge sind angsteinflößend. Aber selbst in all den Unsicherheiten des Lebens möchte ich deine Sicherheit sein. Ich möchte dir ein Lachen auf die Lippen zaubern. Dich in meine Arme schließen und dich spüren lassen: Ich bin da! Und ich werde immer da sein!

Sich nicht von Angst beherrschen zu lassen, ist möglich. Es ist möglich, wenn man weiß, wie man mit ihr umzugehen hat. Wenn man verstanden hat, dass ich dic richtige Adresse für alle Sorgen und Ängste bin. Gib mir all das, was dich bedrückt! All das, was dir dein Lachen raubt! Und dann lass dich von mir beschenken: mit meiner Freude.

Gott, dein Freudenschenker

Vertrauenssache

Ich war mit meinem fast 3-jährigen Sohn zu Fuß unterwegs, um seinen größeren Bruder vom Kindergarten abzuholen. Es war ein Gewitter angekündigt und ich sah schon, wie sich die Wolken in der Ferne immer mehr zu einer dunkelgrauen Masse formten. Ich erklärte meinem Sohn, dass es bald ein Gewitter geben würde und dass wir schnell weitergehen sollten, um nicht nass zu werden.

Ich versuche gerne die Kinder in die alltäglichen kleinen Gespräche mit Gott einzubeziehen und so schlug ich ihm vor, ob wir nicht gerade zusammen darum beten sollten, dass Gott das Gewitter so lange zurückhält, bis wir wieder zu Hause angekommen sind. Gerne ging er darauf ein und so beteten wir gemeinsam dafür.

Was mich dann allerdings total überraschte, war seine Reaktion. Kaum hatten wir das Gebet beendet, brach mein Kleiner in lautes Jubelgeschrei aus und informierte mich darüber, dass es jetzt kein Gewitter mehr geben würde, weil wir ja dafür gebetet hätten. AUTSCH! Erwischt! Während ich auf die dunkle Wolkenwand vor mir sah und die Wettervorhersage im Kopf hatte, sah mein Sohn nur eins: die tiefe Gewissheit, dass Gott Gebet erhört! Was für mich als Erwachsene manchmal so schwer zu begreifen ist, war für ihn klar und einfach: Wenn ich bete, dann hört Gott.

Wie oft ist genau das unser Problem? Wir sehen, wie sich die Sorgen und Ängste vor dem, was kommen könnte, vor uns aufbauen wie eine dicke Gewitterwolkenwand. Wir zermartern uns den Kopf über Probleme und deren Lösung. Vielleicht beten wir auch dafür. Aber hat dieses Gebet dann Auswirkung auf unser Leben oder unsere Einstellung? Löst das Gebet unsere Angespanntheit?

Mein Sohn ruhte so sicher im Vertrauen darauf, dass Gott sich jetzt um das Gewitter kümmern würde, dass er unbekümmert und fröhlich weiter Richtung Kindergarten trippelte, ohne noch irgendeinen Gedanken an ein mögliches Unwetter zu verschwenden.

Fällt uns nicht gerade das oft so schwer? Dass wir Gott zwar unsere Ängste mitteilen, uns die Sorgen aber nicht von ihm abnehmen lassen? Wie oft es mir schon so gegangen ist, kann ich gar nicht sagen. Häufig vergesse ich förmlich, dass ich befreit und unbekümmert durchs Leben gehen kann, weil ich einen starken Gott habe, der mich liebt und der sich um mich kümmert und dem auch die kleinen Dinge in meinem Leben nicht zu klein sind, um sich ihrer anzunehmen.

In diesem Punkt (wie auch in vielen anderen) können wir oft viel von unseren Kleinen lernen. Jesus wusste das nur zu gut und erinnerte die Menschen schon damals an diese besondere Fähigkeit von Kindern:

Etwa zu dieser Zeit kamen die Jünger zu Jesus
und fragten ihn: „Wer ist der Größte im Himmelreich?"
Da rief Jesus ein kleines Kind zu sich
und stellte es vor sie hin. Dann sagte er:
„Ich versichere euch: Wenn ihr nicht umkehrt
und werdet wie die Kinder, werdet ihr nie
ins Himmelreich kommen. Deshalb: Wer so gering wird
wie dieses Kind, der ist der Größte im Himmelreich
(Matthäus 18,1-4; NL).

Wie viel ich doch von meinen Kindern über das Leben mit Gott lernen kann! Der kleine Kerl hat mich mit seinem Glauben wirklich ins Nachdenken gebracht und mich, ohne es zu wissen, herausgefordert, Gott mit kindlichem Glauben zu vertrauen und meine Sorgen dann auch wirklich bei ihm abzuladen. Jesus hat recht: In diesem Punkt wünsche ich mir wirklich, viel mehr so zu sein wie mein Kind ...

Ich glaube, dass ganz besonders wir Mamas uns etwas von dieser Fähigkeit, Sorgen bei Gott abzuladen und sie auch dazulassen, aneignen sollten. Wie schnell ist man gerade als Mama um so viele Dinge besorgt? Ich ertappe mich auf jeden Fall immer wieder dabei, wie ich mir in Sekundenschnelle Horrorszenarien ausdenke, was alles Furchtbares passieren könnte, wenn ich meinen 5-Jährigen kurz allein im ca. einen Quadratmeter großen Sandkasten in unserem Garten spielen lasse.

Mir hilft es, mich immer wieder daran zu erinnern, dass Gott meine Kinder viel mehr liebt, als ich es je könnte. Er liebt mit einer perfekten Liebe. Wenn ich schon Himmel und Erde in Bewegung setze, um meine Kleinen zu beschützen, wie viel mehr wird er es dann tun?

Und wie gut ist es zu wissen, dass er seine Hände über sie ausbreitet und sie unter seinem Schutz stehen. Wenn ich an seine Liebe zu meinen Kindern denke und daran, dass er für sie sorgt, dann fällt es mir leichter, meine Sorgen um meine Kinder an ihn abzugeben und mir von ihm Frieden und Freude schenken zu lassen. Was für ein Privileg, dass ich zu meinem himmlischen Vater kommen kann und mein Herz dort bei ihm zur Ruhe kommt.

Nebelwolken

Eigentlich genießen wir aus unserem Fenster eine traumhafte Aussicht. Unser Haus befindet sich auf etwa halber Höhe eines Berges in einem Mittelgebirge. (Okay, Alpenbewohner dürfen sich jetzt über das Wort „Berg" lustig machen ...) Unsere Sicht reicht sowohl ins Tal als auch auf den gegenüberliegenden „Berg". Für einen Naturliebhaber wie mich ein Traum.

Allerdings hat die Sache einen Haken. Längst nicht jeden Tag können wir diesen Ausblick genießen. Denn wir werden häufig Zeugen eines weiteren Naturschauspiels: Nebel. Und wenn dieser uns beglückt, sehen wir gerade noch die Häuser leicht unterhalb auf unserem Hang. An den Talblick und den gegenüberliegenden Berg ist gar nicht zu denken. Stattdessen werden wir mit einer dicken weißen Nebelsuppe vertröstet.

Die vielen Nebelwolken, die uns häufig die Sicht auf unsere schöne Aussicht versperren, erinnern mich irgendwie an die großen Nebelwolken, die mir auch oft die Sicht auf das Schöne im Mamasein versperren. Die meinen Blick mit einer dicken Suppe zukleistern, sodass mir die Freude an meiner Aufgabe flöten geht. Die Nebelwolken heißen Selbstmitleid und Egoismus. Ich glaube, es gibt kaum etwas, das mir die Blickrichtung mehr vermiest und verdunkelt als diese zwei.

Wie oft finde ich mich in Momenten wieder, in denen ich wirklich denke, das bemitleidenswürdigste Wesen dieser Welt zu sein. Ganz im Ernst: Was sind schon lebensbedrohliche Armut und todbringende Krankheiten, wenn man mit vier kleinen Kindern in einem schnuckeligen, kleinen Häuschen mit schöner Aussicht lebt? Da habe ich doch nun wirklich allen Grund, in meinem Selbstmitleid zu zergehen, oder? Zumindest denke ich das in diesen Augenblicken, wo mir auf einmal jeglicher Sinn für die Realität abhandenkommt. Eigentlich ziemlich peinlich. In diesen Momenten habe ich leider nur noch Augen für mich und meine Wünsche. Meine Gedanken schreien: ich, ich, ich. Ich möchte jetzt ausschlafen. Warum können die Kinder nicht auch mal länger im Bett bleiben? Meine Güte, bin ich arm dran. Ich möchte mal ungestört einen Stadtbummel machen. Alleine! Wann bin ich endlich mal nicht mehr so angebunden? Ich, ich, ich.

Egoismus und Selbstmitleid gehen oft Hand in Hand. Wenn ich zu viel an mich denke, stehe ich in der Gefahr, in Selbstmitleid zu zergehen, weil ich mich wichtiger nehme als andere. Und auch mein Schwelgen in all meinen Benachteiligungen zeigt mir, dass ich zu viel an mich denke.

Egoismus und Selbstmitleid rauben mir die Freude. Sie versperren mir die Sicht. Wie kann ich mich über einen kuscheligen Moment auf dem Sofa mit meiner Tochter und einem spannenden Kinderbuch freuen, wenn ich die ganze Zeit beschäftigt bin, darüber nachzudenken, was ich jetzt lieber machen würde? Wie kann ich mit Begeisterung Eisenbahn spielen und Zugstrecken bauen, wenn ich mich bemitleide? Wenn ich mich aus der Situation herauswünsche, anstatt sie zu genießen und auszukosten?

Ich lerne immer mehr, dass Freude in meinem Mamaleben dann entsteht, wenn ich mich auf die Gegenwart konzentriere. Wenn ich bereit bin, den Augenblick anzunehmen. Die Möglichkeit und Schönheit genau jetzt zu sehen. Statt immer nur darüber nachzudenken, was ich wieder einmal gerne tun würde (z. B. ein Buch lesen, in Ruhe ein Bad nehmen, alleine spazieren oder bummeln gehen), kann ich lernen, Freude an dem zu finden, was ich mit meinen Kindern jetzt erlebe. Ich kann lernen, mich wirklich an der Gegenwart zu freuen. Mich auf ihre Welt einzulassen. Es kann echt Spaß machen, wieder Kind zu sein. ;-)

Das heißt nicht, dass ich nie mehr auf das achten soll, was ich brauche. Natürlich muss ich auch auf Ausgleich achten. Wir brauchen Austausch mit anderen Erwachsenen. Wir brauchen eine ungestörte Dusche. Wir brauchen mal eine Auszeit. Aber es tut uns nicht gut, wenn wir zu viel auf das hören, was unsere Wünsche uns zurufen. Es ist eine Kunst, den Mittelweg zu finden. Ich darf meine Bedürfnisse nicht ignorieren, aber ich darf sie auch nicht zu wichtig nehmen. Denn wenn ich das tue, werde ich eben nicht glücklich (wie es mir so oft verkauft wird), sondern ich werde immer unzufriedener. Gottes Geheimnis heißt:

„Wer sich an sein Leben klammert,
der wird es verlieren.
Wer es aber für mich einsetzt,
der wird es für immer gewinnen"
(Matthäus 10,39; Hfa).

Mit anderen Worten: Wenn ich mich zu sehr an meine Wünsche klammere, dann werde ich die Freude im Leben verlieren. Wenn ich mich aber für Jesus einsetze, dann werde ich das Leben wirklich gewinnen, auskosten und genießen. Wenn ich seinen Plan für mich lebe, dann setze ich mich für ihn ein. Wenn ich das tue, was er mir vor die Füße legt.

Und was ist das? Sind es nicht bei uns Mamas unsere Kinder? Wenn Gott mir Kinder geschenkt hat, dann erfülle ich auch seinen Plan für mich, wenn ich für sie sorge und mich um sie kümmere. Und indem ich das tue, indem ich mich für Gottes Plan für mich einsetze und mich nicht an meine Wünsche klammere, finde ich wirkliches Leben. Dann lichtet sich der Nebel, der Ausblick wird klarer und ich finde überfließende Freude.

Mit dir lachen

Meine liebe Mama!

Ich liebe es, wenn du lachst. Dein Lachen ist das schönste Geräusch, das ich kenne. Es tut so gut, dich ausgelassen und glücklich zu sehen. Ich fühle mich so wohl, so geliebt, wenn ich dich lachen höre. Denn dann weiß ich, dass es dir gut geht. Dass es dir mit mir gut geht. Und das gibt mir Sicherheit.

Ich liebe es, wenn du lachst. Und wenn du dumme Sachen und Quatsch machst. Das ist witzig. Ich mag es, wenn ich mit dir lachen kann. Du schimpfst so oft, wenn ich Quatsch mache, aber ich finde Quatschmachen lustig. Warum kannst du nicht auch öfter lustig sein? Ich möchte so gerne mit dir lachen.

Ich liebe es, wenn du lachst. Wenn du deine Arbeit auch mal stehen lassen kannst. Wenn du einfach wegsiehst, wenn sich die Spülberge türmen und meine Sachen überall verteilt sind. Ich finde sowieso nicht, dass das blöd aussieht. Schließlich ist unser Haus doch ein Platz, an dem gelebt werden soll. Und Spielen gehört zum Leben dazu.

Ich liebe es, wenn du lachst. Wenn du mit mir lachst und wir zusammen lachen. Wenn du mit mir lebst. Mit mir die Zeit genießt, anstatt immer auf deine Uhr zu schielen. Warum hast du es immer so eilig? Warum sagst du ständig „schnell"? „Schnell" ist kein schönes Wort. Es bedeutet immer, sich keine Zeit für schöne Dinge zu nehmen. Denn genießen und sich freuen kann man doch nur in Ruhe. Mit Zeit. Ohne Eile.

Ich liebe es, wenn du lachst. Und ich glaube, du würdest mehr lachen, wenn du auch mehr so wärst wie ich. Wenn du nicht so viel an morgen denkst. Sondern an das Jetzt. An das spannende Feuerwehrbuch. An den hohen Bauklötzchenturm. An den Schokokuchen mit den bunten Smarties. An die Sandburg. An die Kissenschlacht. Das Leben ist so schön. Ich freue mich über jeden Moment. Und ich möchte, dass du dich auch freust. Mit mir.

Denn ich liebe es, wenn du lachst.

GLÜCK KANN MAN NICHT KAUFEN,
GLÜCK WIRD GEBOREN.
Unbekannt

Die zu kurze Decke

So, schnell noch den Input für die nächste Jugendstunde zu Ende vorbereiten. Ach ja, meine Freundin wollte ich ja auch noch anrufen. Hoffentlich schaffe ich das grad noch. Im Moment beschäftigen die Kinder sich ja noch ganz gut. Eigentlich sollte ich auch noch etwas Zeit mit ihnen verbringen. Aber ich habe schon lange nicht mehr mit meiner Freundin gesprochen. Gut, ein bisschen Zeit hab ich bestimmt noch. Und wenn ich mich beeile und nichts davon auf den Abend legen muss, schaffe ich es dann vielleicht sogar, meine Runde um den See zu joggen. Sport steht ja schon eine Ewigkeit auf meiner imaginären To-do-Liste. Also einen Gang höher schalten und durchstarten.

Erkennst du dich in so vollgestopften Tagesplänen wieder? Hast du auch manchmal das Gefühl, von einem Termin zum nächsten zu hetzen? Ich kann dir gar nicht sagen, wie oft ich versucht habe, so mit meiner Zeit zu jonglieren. Mein Leben fühlt sich so oft an wie eine zu kurze Decke. (Was bei meiner Körpergröße leider ein häufiges Phänomen ist.) Wenn ich versuche, an der einen Seite alles zuzudecken, dann ist sie an der anderen Seite schon wieder zu kurz. Die Decke ist zu klein. So wie die Zeit des Tages zu kurz zu sein scheint.

Ich glaube, es ist wichtig, sich selbst einzugestehen, dass man nicht alles machen kann. Und die gute Nachricht ist: Man muss auch nicht alles machen. Gott erwartet nicht von dir, zur sogenannten „Eier legenden Wollmilchsau" zu werden. Er hat Prioritäten für dein Leben. Diese Prioritäten können immer wieder wechseln und sind nicht statisch. Als du zur Schule gegangen bist, deinen Abschluss gemacht hast oder frisch verheiratet warst, sah dein Leben jeweils ziemlich anders aus. Unterschiedliche Themen waren gerade dran. Das ist normal. Das ist gut so. Und das ist auch spannend. Wär doch langweilig, wenn immer alles gleich wäre. Das ganze Leben über. Oder? Jetzt, wo du Mama bist, hat sich dein Leben wieder geändert. Jetzt gilt es, wieder neu herauszufinden, welche Prioritäten Gott nun für dein Leben hat. Und dann danach zu leben.

Wir meinen oft, dass ein ausgewogenes Leben bedeuten würde, von allem etwas zu haben. Ist ja auch eine schöne Vorstellung. Man verpasst nirgends etwas, ist immer ein bisschen dabei und kann von allem ein wenig genießen. Allerdings kann ich für mich sagen, dass ein solches Leben mich in Stress versetzt. Ich habe lange versucht, so zu leben. Das Ende vom Lied war gefühlsmäßig ein ständiges Hinterherhetzen. Ich hatte das Gefühl, alles und nichts zu machen. Nirgendwo richtig zu sein. Und nichts gut zu machen. Und das war für mich ein riesiger Frustfaktor.

Irgendwann wollte ich einfach nicht mehr so weitermachen. Ich merkte, dass ich mich einfach von manchen Aktivitäten zurückziehen musste, um mich mehr in andere investieren zu können. Kein leichter Schritt. Das muss ich ehrlich sagen. Besonders weil ich eigentlich ein ziemlich aktiver Mensch bin, der gerne tausend Baustellen gleichzeitig bearbeitet. Da steht dann erst mal die große Frage im Raum: Wo kürze ich denn jetzt? Was soll ich streichen? Ich glaube, dass diese Frage auch nicht vorschnell beantwortet werden kann. Man muss sich in Ruhe darüber klar werden, was jetzt dran ist. Was Gott genau jetzt, in dieser Lebenssituation für einen bereithält.

Für mich hieß es zum Beispiel, in der Gemeinde kürzerzutreten. Ich hab mich wirklich gerne und viel dort engagiert. Aber mit der Zeit wurde ich immer unzufriedener, weil ich mich in andere Menschen investierte, während meine eigenen Kinder auf einmal zu wenig von mir hatten. Diese Entscheidung fiel mir wirklich schwer. Aber sie hat wieder Frieden und Freude in mein Leben gebracht. Denn von meiner Prioritätensetzung her war die Sache eigentlich immer klar gewesen: Meine Familie geht vor. Erst wenn ihre Bedürfnisse gestillt sind, möchte ich mich in andere investieren.

Wenn man entsprechend seiner Prioritäten lebt, macht einen das glücklich. Das bedeutet, ein wirklich ausgewogenes Leben zu führen. Ich lebe eben gerade nicht ausgewogen, wenn ich von allem etwas mitnehme. Ausgewogen zu leben bedeutet, dem viel Zeit zu widmen, dem ich viel Wert gebe. Natürlich heißt das nicht, dass ich alles streichen kann, was mir nicht passt. Das Leben ist nun mal nicht der bekannte Ponyhof. Vieles muss getan werden, ob man nun Lust drauf hat oder nicht. Aber bei manchen anderen Dingen können wir doch mehr Einfluss nehmen. Und darum geht es mir hier. Es macht einfach zufrieden, wenn man entsprechend seiner Überzeugungen leben kann. Wenn du durch und durch Musiker bist, wird es dich frustrieren, wenn du für Musik genauso viel Zeit einräumst wie für Sport (den du aber eigentlich hasst und nur durchziehst, um dein schlechtes Gewissen zum Schweigen zu bringen).

Wie kann man denn jetzt vorgehen, wenn man sein Leben neu und nach seinen Überzeugungen strukturieren möchte? Ich würde dir vorschlagen, dir einen Abend dafür Zeit zu nehmen. Vielleicht ja auch mit deinem Mann zusammen? Ihr könntet euch einen Babysitter nehmen und mal wieder zu zweit ins Café oder zum Italiener gehen. Erstellt eine Liste mit den Dingen, die euch am wichtigsten im Leben sind, und schreibt sie der Reihe nach auf. Tauscht euch darüber aus. (Man kann auch nach vielen Ehejahren noch Neues über den Partner erfahren. ;-) Nehmt euch auch ausreichend Zeit, um mit Gott eure Prioritätenliste durchzugehen. Welche Dinge legt er euch aufs Herz? Wahrscheinlich könntet ihr nach so einem Abend nicht nur mit einem vollen Bauch nach Hause gehen, sondern auch mit einer neuen Vision für eure Familie und euer Leben. Aber auch wenn eure Prioritätensetzung länger als einen Abend dauert, ist das kein Problem. Wichtig ist nur, dass ihr euch Gedanken darüber macht.

Diese Liste soll eine Hilfe sein, wenn wir unser Leben strukturieren, aber sie soll uns nicht beherrschen. Und wenn du jetzt denkst, dass das Leben immer super organisiert ist und wie am

Schnürchen läuft, dann täuschst du dich ebenfalls. Das Leben lässt sich nicht in Schubladen quetschen. Manchmal trifft man Fehlentscheidungen und ein anderes Mal weiß man noch nicht mal, was man überhaupt tun soll.

Ich fühle mich an manchen Tagen immer noch überrollt von allen Aufgaben. Aber sich Gedanken über das Wichtigste im Leben zu machen und zu versuchen, entsprechend zu leben, war definitiv ein riesiger Schritt in die richtige Richtung und hat uns schon eine Menge gebracht. Vielleicht ist das ja auch was für dich. :-)

schnell

Schnell. Es ist dieses Wort, das ich nicht mehr hören kann. Und es ist dieses Wort, das ich leider viel zu oft in den Mund nehme. „Bitte zieh dich schnell an! Wir müssen los!" „Schnell! Iss dein Essen auf!" „Bitte geh schnell weiter!" Irgendwie muss bei mir alles immer schnell gehen. Und irgendwie macht mich das selbst traurig. Denn eigentlich möchte ich ja gar nicht so durchs Leben hetzen. Eigentlich möchte ich viel lieber drei Gänge zurückschalten, mein Leben entschleunigen. Irgendwie raubt diese Eile mir meine Freude.

Warum bin ich so oft versucht, meine Kinder zu hetzen? Warum scharre ich innerlich mit den Hufen, wenn sie sich die Zeit nehmen wollen, die Welt zu entdecken? Und dabei nicht den geringsten Zeitdruck verspüren? Ich muss gestehen, dass meine Ungeduld häufig die Folge eines zerteilten Herzens ist. Ich versuche, zu viel zu schaffen. Mir zu viel vorzunehmen. Ich möchte auf nichts verzichten. Und deshalb versuche ich, mit meinen Kindern im Schlepptau durch meine Lebensvorstellungen zu galoppieren. Und merke dabei nicht, wie ich die Freude und die Zufriedenheit schon lange auf der Strecke gelassen habe.

So gaaaaanz langsam lerne ich in meiner Mamalaufbahn immer mehr, dass es Erfüllung und Freude bringt, wenn ich mich mit ungeteiltem Herzen unseren Kindern widmen und Zeit für sie und unsere gemeinsame Beziehung haben kann. Ich muss nicht alles im Leben mitnehmen. Und ja, Mama zu sein, bedeutet auch Verzicht. Ich muss mich mit der Wahrheit anfreunden, dass ich nicht mehr Zeit für alles habe, was ich so gerne tun würde. Die Zeiten werden sich bestimmt wieder ändern, wenn sie größer werden. Aber solange sie klein sind, bin ich begrenzter, was meine Zeit angeht.

Das bringt natürlich einige schwierige Entscheidungen mit sich. Denn wo will man kürzertreten? Wir als Familie haben uns zum Beispiel dafür entschieden, unser Leben so zu gestalten, dass ich unseren Kindern möglichst viel Zeit schenken und für sie da sein kann. Dennoch war es meinem Mann und mir wichtig, dass nicht alle meine außerfamiliären Beschäftigungen brachliegen.

Ich versuche mir immer dann, wenn meine Kinder schlafen oder Mittagspause machen (also morgens vor dem Frühstück, Mittagszeit und abends), Zeit für meine Aufgaben als Referentin und Autorin zu nehmen. Diese Zeit nutze ich zum Schreiben und Vorbereiten. Vorträge, Freizeiten oder sonstige Events finden ja eh immer am Wochenende statt, wo mein Mann es genießt, nach einer Arbeitswoche auch mal mehr Zeit für unsere Kinder zu haben.

Bei alledem achte ich darauf, dass diese Aufgaben nicht überhandgewinnen. Ich plane zum Beispiel nicht jeden Monat ein Event ein, sondern lasse mir bewusst ausreichend Zeit zwischen den einzelnen Terminen, damit die Planerei entspannt nebenherlaufen kann und nicht alle meine Gedanken in Beschlag nimmt. So bin ich frei, Zeit für meine Kinder zu haben.

Eine Freundin von mir arbeitet zum Beispiel einen Vormittag in der Woche, während die Kinder bei der Oma verwöhnt werden. Auch das ist eine gute Lösung, die einen nicht vollkommen fern von seinem Beruf hält, aber dennoch viel Zeit für die Familie lässt. Leider ist eine solche Lösung nicht in jedem Beruf und bei jeder Familie möglich.

Ich bin nicht generell gegen die Berufstätigkeit als Mama, aber ich denke schon, dass man sich dieses wichtige Thema und wie man damit umgeht, gut überlegen muss. Wie schnell ist man dabei, einfach mit dem Strom der Zeit zu schwimmen. Und das in einer Kultur, die sowohl Mamasein als auch Kinder nicht wertschätzt. Anstatt unser gesellschaftliches Gedankengut einfach ungefiltert anzunehmen, ist es viel besser, für sich als Familie dieses Thema individuell durchzugehen.

Das muss nicht zwingend heißen, dass man seine Berufs-tätigkeit aufgeben muss. Allerdings ist es hilfreich, neu zu überdenken, wie viel Zeit man in sie hineinsteckt. Es macht einen auf Dauer nicht glücklich, wenn man seinen Kindern nur die Restkräfte anbieten kann, die nach einem langen Arbeits-tag noch übrig geblieben sind.

Wir tragen als Mamas das tiefe Bedürfnis in uns, für unsere Kinder da zu sein. Uns um sie zu kümmern. Ihnen einen Kuss zu geben, wenn sie gefallen sind. Ihre Tränen abzuwischen, wenn sie frustriert sind. Wir wollen ihr Leben auch erleben. Mit dabei sein. Zeit mit ihnen haben, ohne ständig auf die Uhr schauen zu müssen. Alle diese kleinen Momente auskosten können, die das Leben mit Kindern so besonders machen. Die einen mit Freude überschütten.

Dieses Bedürfnis ist von Gott gegeben. Es ist sein Design für das Mamasein. Und damit ist es gut. Sehr gut. Und sehnen wir uns nicht eigentlich auch selbst danach, dem Wort „schnell" seinen passenden Platz in unserem Wortschatz zuzuweisen – weiter hinten?

Eine glückliche Mutter
ist für die Kinder lehrreicher
als hundert Lehrbücher
über Erziehung.

Deutsches Sprichwort

Von dir, mir und uns

Mein kleiner Schatz,

es tut mir so leid …

Es tut mir so leid, dass ich so oft nur an mich denke. Dass ich mein Handeln so oft davon abhängig mache, was *ich* gerade fühle. Was *ich* gerade tun oder nicht tun möchte. Was *ich* gerade sagen oder nicht sagen möchte. Ob *ich* mich gerade aufraffen kann, dir die Matschsachen und Gummistiefel anzuziehen, damit wir bei dem Regenwetter draußen in den Pfützen toben können, wie du es dir schon so lange gewünscht hast. Ob *ich* gerade die Motivation habe, ein Chaos in der Küche auf mich zu nehmen, damit wir zusammen Plätzchen backen können, die du dann auch alleine ausstechen und bemalen darfst.

Es tut mir so leid, dass wir schon so viele tolle Erlebnisse und gemeinsame Momente verpasst haben, weil ich so oft nur an mich gedacht habe. Als ich dich noch für weitere zwanzig Minuten zum Spielen in dein Zimmer geschickt habe, anstatt mit dir Memory zu spielen. Als ich lieber noch zehn Minuten länger im Bett gedöst habe, als mit dir zu kuscheln. Es hätten so besondere Augenblicke zwischen uns werden können. Die, an die man sich noch lange erinnert. Die, die einem den Alltag versüßen. Diese kleinen Momente, die das Leben so wunderbar machen. Wie konnte ich sie nur so ungenutzt verstreichen lassen?

Warum fällt es mir so schwer, öfter auf das einzugehen, was *du* möchtest? *Dir* zuzuhören. *Dir* meine ungeteilte Aufmerksamkeit zu schenken. *Deine* Wünsche zu erfüllen. Auf *deine* Bedürfnisse zu achten. Ich glaube, wir wären *beide* glücklicher. Würden *beide* das Leben noch viel mehr auskosten. Jeden Tag genießen mit seinen einzigartigen kleinen Momenten. Was für eine Freude könnten wir *beide* genießen, wenn ich nicht so oft nur an *mich* denken würde.

Ja, ich habe Vergebung so bitter nötig. Deine Vergebung. Und auch Gottes Vergebung. Ich wäre so gern nicht immer nur auf *mich* und *meine* Gefühle und Bedürfnisse ausgerichtet. Ich möchte offen sein für *deine* Welt. *Deine* Gedanken, *deine* Wünsche und *deine* Nöte. Aber ich schaffe es so oft einfach nicht. Bitte vergib mir! Vergib mir meine Ichbezogenheit. Vergib mir meine mangelnde ganz praktische Liebe zu dir. Vergib mir, dass ich so oft verpasst habe, unser Leben zu versüßen. Dass ich *uns* die Freude geraubt habe.

Denn eigentlich machst *du* mein Leben so reich. So schön. So bunt. Die Freude, die *du* in mein Leben bringst, ist nicht mit Worten zu beschreiben. *Deine* Gegenwart macht mich so glücklich. Komisch, dass ich diese Freude, die *du* bringst, so oft verpasse und vergesse. Einfach nur, weil ich mich mit *mir* beschäftige anstatt mit *dir*. Bitte vergib mir und hab Geduld mit mir! Denn eigentlich liebe ich es, Zeit mit dir zu verbringen. Ich vergesse es nur manchmal so schnell.

Deine Mami

SPASS-FUNDGRUBE

Geht es dir auch manchmal so, dass dir die Ideen ausgehen? Du möchtest Zeit mit deinen Kindern verbringen, Spaß mit ihnen haben, aber hast gerade keine zündende Idee? Hier findest du eine kleine Auswahl von Aktivitäten (von anderen Mamas erprobt und für gut befunden) ;-)

1. eine Bude aus Decken bauen und mit einer kleinen Lampe Bücher lesen
2. laut Kindermusik anmachen und wild zusammen tanzen
3. eine Fahrradtour machen
4. zusammen Plätzchen ausstechen und dekorieren (nicht nur zur Weihnachtszeit)
5. eine Waldtour machen und schauen, welche Tiere und Spuren von Tieren man findet
6. Geocaching, aber kindgerecht
7. bei Schnee natürlich zusammen Schlitten fahren, einen Schneemann bauen und besonders Schneeengel machen
8. wenn man nicht oft Zug fährt, dann einen Ausflug mit dem Zug machen
9. ein Kindertheater besuchen
10. an Regentagen: superbequem anziehen, leckere Kekse und Kakao rausholen und alle Gesellschaftsspiele und Puzzles durchmachen, die da sind
11. Freizeitparks, Zoos und Tierparks einen Besuch abstatten
12. Kinobesuch
13. schwimmen gehen
14. christliche Veranstaltungen (für Kinder) besuchen
15. Drachen steigen lassen
16. genau zuschauen, wie ein Heißluftballon landet und zusammengefaltet wird und dabei noch helfen
17. Spielplätze unsicher machen

18. picknicken in schönen Gegenden (z. B. am See, im Wald oder auch im eigenen Garten)
19. einen Zirkus besuchen
20. mit der Tochter oder mit dem Sohn alleine als Mama shoppen gehen (oder auch andere Aktivitäten mal alleine mit dem Kind unternehmen)
21. Kirmesmarkt besuchen
22. Weihnachtsmarkt besuchen (und natürlich gebrannte Mandeln kaufen und unterwegs naschen)
23. Urlaub machen
24. es sich zusammen gemütlich machen und ein Kinderbuch nach dem anderen lesen
25. zusammen Kinderfilme schauen
26. im Internet nach Bastelideen stöbern und dann nachbasteln
27. im Herbst Kastanien und Eicheln sammeln und damit basteln oder das Haus dekorieren
28. einen Regenspaziergang mit Gummistiefeln und Regenschirmen machen (und dabei in jede Pfütze springen)
29. den Weihnachtsbaum zusammen schmücken
30. Blumen pflücken und den Esszimmertisch damit bestücken
31. im Dunkeln Taschenlampen anmachen und Schattenspiele spielen
32. Nachtwanderung oder Nachtrundfahrt im Auto (im Schlafanzug) machen
33. zusammen kochen

Ich habe zum Herrn gesagt:
„Du bist mein Herr, mein Glück
finde ich allein bei dir."
Du wirst mir den Weg
zum Leben zeigen und mir die
Freude deiner Gegenwart schenken.
Aus deiner Hand kommt
mir ewiges Glück.

Psalm 16,2+11; NL

Die Einladung

Meine Liebste!

Ich möchte dich einladen. Einladen zu einer Existenz in Freude. Ich möchte dich einladen, wahres Glück zu finden. Und eine Zufriedenheit kennenzulernen, die dir noch nie zuvor begegnet ist.

Ich möchte dich einladen. Einladen, alle Lasten abzuschütteln. Dich von allen Sorgen zu befreien. Und stattdessen Erfüllung zu genießen.

Ich möchte dich einladen. Einladen zu einem Leben in Freiheit. Sieh zu, wie ich die Nebelwolken deines Lebens wegpuste und dir wieder eine klare Sicht schenke! Freue dich an der Möglichkeit, durch mich unbeschwert zu sein!

Ich möchte dich einladen. Einladen zu mir. Denn wirkliche Freude findest du nur in meiner Gegenwart. Nur ich bin fähig, dir ewiges Glück zu schenken. Niemand sonst kann dir geben, was ich dir geben kann. Suche nicht bei Menschen danach. Komme zu mir!

Ich möchte dich einladen. Einladen, auch deine Kinder zu mir zu bringen. Denn auch sie werden letztlich nur durch eine Beziehung zu mir wirklich glücklich. Sie sind mit einer Seele ausgestattet, die sich nach mir sehnt. Nach meiner unbegrenzten Liebe. Du kannst ihnen niemals all das geben, was sie brauchen. Das kann nur ich, ihr Schöpfer. Aber du kannst sie mit mir bekannt machen. Und dadurch bereitest du ihnen den Weg zur wahren Freude.

Ich möchte dich einladen. Einladen zu einer Existenz in Freude. Ich möchte dich einladen, wahres Glück zu finden. Und eine Zufriedenheit kennenzulernen, die dir noch nie zuvor begegnet ist.

In Liebe,

dein himmlischer Vater

6

perspektive

GOTTES DESIGN
ENTDECKEN

Werde eine Visionärin

Ein Mensch, der eine Vision hat, hat ein Ziel. Etwas, auf das er zusteuert. Wonach er sein Leben ausrichtet. Etwas, das ihn erfüllt.

Hast du eine Vision für dein Leben als Mama? Hast du ein Ziel, auf das du zusteuerst? Das dich motiviert? Das dich erfüllt?

Es ist wichtig, dass wir eine Vision vom Mamasein bekommen, wie Gott es erdacht hat. Wir können uns an Gottes Werten und guten Zielen orientieren. Denn leider wird in unserer Kultur das Mamasein und auch das Kindsein nicht geschätzt. Kinder sind oft nicht gerne gesehen.

Wie anders ist Gott. Er schätzt das Leben. Das kleine und das alte. Das Baby, die Mutter und die Großmutter. Gott liebt Erziehung. Weil Menschen sich dadurch entwickeln. Von unmündig zu verantwortungsvoll. Von schwach zu stark. Von naiv zu weise.

Gottes Design für das Mamasein ist wunderbar. Die Bibel sagt, dass Gottes Design für Mamas Freude und Kraft sind. Und dass Kinder ein riesiges Geschenk und ein Segen sind. Gott hat dich als Mama reich beschenkt. Und er hat große Pläne mit dir. Nicht erst, wenn deine Kinder groß sind und du wieder viel Zeit hast. Nein, jetzt. Jetzt hat er große Pläne mit dir. Er hält so viel mehr für dich bereit.

Lass dich von ihm inspirieren! Und erlebe, wie er dich an seine Hand nimmt: Du musst das Mamaabenteuer nicht alleine bestreiten ...

Home Sweet Home

Ich mag schöne Dekoartikel. In unserem Haus hat sich im Lauf der Zeit schon eine ordentliche Sammlung eingefunden. Auf meinen Streifzügen nach hübschen Sachen fällt mir eines immer wieder auf: der Schriftzug „Home Sweet Home". Auf Kerzen, Kissen, Vasen, Schildern – überall begegnen mir diese Worte. Warum sind sie eigentlich so beliebt?

Ich glaube, das hängt mit den Gefühlen zusammen, die bei diesen Worten bei uns aufkommen. Bei mir tauchen sofort Erinnerungen an Gemütlichkeit, Wärme, Liebe und frisch gebackene Kekse auf. Doch obwohl ich die Home-Sweet-Home-Artikel in der Regel ziemlich hübsch finde, frage ich mich, ob ein Sweet Home wirklich dadurch hergestellt wird, dass wir unseren Tisch mit einer Home-Sweet-Home-Vase und einer Home-Sweet-Home-Kerze zieren. Gehört nicht einiges mehr dazu, um ein wirkliches Zuhause zu schaffen?

Ein Sweet Home, ein Zuhause, entsteht nicht durch Deko. Es entsteht durch etwas anderes. Oder besser gesagt durch jemand anderen: durch dich und mich! Wir Frauen haben nämlich eine besondere Gabe von Gott erhalten: die Fähigkeit, ein Haus zu einem Zuhause zu machen. Wir legen die Stimmung der Familie. Unsere Gemütslage, unsere Einstellung hat Einfluss auf unsere Kinder und unseren Mann. Wir sind sozusagen das Herz des Zuhauses.

Die Bibel spricht davon, dass genau das auch eine unserer Aufgaben in der Familie ist: sich um ein Zuhause zu kümmern und es entstehen zu lassen (1. Timotheus 5,14; Titus 2,3-5). Das bedeutet nicht, dass wir alle klassische Hausfrauen sein müssen (obwohl das auch eine Möglichkeit ist, die in unserer Zeit leider völlig unter Wert verkauft und oft ins Lächerliche gezogen wird). Ein Zuhause entstehen zu lassen, ist auch möglich, wenn wir berufstätig sind. Ein schönes Beispiel dafür ist die Sprüche-31-Frau. Sie war eine berufstätige und viel gefragte Frau. Sie hatte nicht nur einen Job, sondern sogar gleich mehrere.

Häufig verbinden wir mit dieser Sweet-Home-Aufgabe eben nur Dinge wie ein blitzblankes Haus, perfektionierte und ausgefallene Mahlzeiten (die natürlich alle selbst gemacht und bio sind ...) und ein Händchen fürs Dekorieren. Allerdings geht es beim „Sweet Home Schaffen" gar nicht um das Haus an sich. Entscheidend sind die Beziehungen dahinter. *Sie* sind wichtig, nicht die Aufgaben im Haushalt. Es geht nicht darum, dass bei uns immer alles steril und gestriegelt ist wie im Katalog. Oder dass unser Vorratsraum gefüllt ist wie ein Reformhaus. Entscheidend ist, dass unser Zuhause ein Ort ist, an dem Beziehungen aufblühen können. Das macht ein wirkliches Sweet Home aus: die gute Beziehung zu unserem Mann, zu unseren Kindern, aber auch zu Gästen.

Mich motiviert diese Perspektive sehr, wenn ich mich gerade mit all diesen kleinen Dingen beschäftigen muss, die halt im Haus gemacht werden müssen. Es kann sehr ermüdend sein, wenn ich ewig in der Küche stehe, um ein Essen vorzubereiten, und danach ewig dort bin, um alles wieder aufzuräumen. Wenn ich nur auf diese To-dos schaue, ist meine Motivation recht schnell verflogen. Wenn ich mich aber auf die Beziehungen konzentriere, die ich durch meine Aufgaben vertiefen kann (wir können als Familie ein tolles Essen zusammen genießen und haben Zeit für Gespräche, Spaß und Gemütlichkeit; oder wir lernen neue Freunde kennen), dann versetzt mir das einen ordentlichen Motivationsschub.

Wenn wir Frauen ein Zuhause schaffen, das einladend ist und in dem Christus geehrt wird, dann schaffen wir hier auf der Erde eine irdische, sichtbare Reflexion von einer ewigen, nicht sichtbaren Realität. Wir schenken Menschen einen Vorgeschmack auf den Himmel.
Nancy Leigh Demoss

Ich liebe diesen Gedanken! Er treibt mich voran, wenn ich keine Energie mehr habe. Er gibt mir eine Vision, wenn mir die Begeisterung fehlt.

Irgendwie finde ich immer wieder zu Freude und Zufriedenheit, wenn ich mir vor Augen führe, dass in meiner To-do-Liste mehr steckt als nur der Versuch, den nicht enden wollenden Aufgaben hinterherzuhecheln. Es ist ein wunderbares Geschenk, das wir anderen machen können. Ihnen einen Vorgeschmack auf den Himmel zu geben. Unserem wirklichen Sweet Home.

WER AUCH IMMER DIE
REDEWENDUNG „EINFACH WIE
EIN SONNTAGMORGEN"
ERFUNDEN HAT, MUSSTE NIE
EIN KIND RECHTZEITIG FÜR DEN
GOTTESDIENST FERTIG MACHEN.

Unbekannt

Chaosmomente

Wie konnte ich nur so zerstreut sein? Jetzt hatte ich zwei Termine auf dieselbe Zeit gelegt. Echt peinlich. Warum kann ich nicht einfach mal besser organisiert sein?

So oft könnte ich die Krise über mich selber bekommen. Manchmal fühle ich mich, als ob ich im Chaos versinke. Meine Jungs haben keine frisch gewaschenen Socken mehr im Schrank. Ich hab verpeilt, vor dem Wochenende noch mal eine neue Packung Windeln für meine Tochter zu kaufen. Alles Dinge, die sich so leicht vermeiden lassen könnten. Wenn man einfach nur etwas weniger chaotisch wäre …

Chaos und kleine Kinder. Eigentlich Dinge, die häufig miteinander in Verbindung gebracht werden. Irgendwie geht jeder schon fast davon aus, dass es so sein müsste. (Was ja leider auch oft der Realität entspricht. Denk nur mal an ein Wochenende ohne Windeln!) Ich frage mich nur: Was macht das mit einem, wenn man Mamasein ständig mit Chaos verbindet? Entstehen nicht alle diese negativen Gefühle wie Frust, Bedeutungslosigkeit oder Minderwertigkeit letztlich dadurch? Das Empfinden, das einen manchmal beschleicht, dass man eine unbedeutende Arbeit auferlegt bekommen hat, während andere alle ihre Fähigkeiten entfalten können? Fällt es einem nicht viel schwerer, sich für ein weiteres Kind zu entscheiden, wenn man davon ausgeht, dadurch zwangsläufig wieder von vorn bis hinten im Chaos leben zu müssen? Nimmt es einem nicht oft die Freude im Alltag?

Wir alle haben unsere Chaosmomente. Aber das heißt nicht, dass Gott Mamasein so erschaffen hat. Dass wir im Chaos leben sollen. Kinder bedeuten nicht gleich Chaos. Das war von Gott nicht so geplant. Das ist eine Wahrheit, die mir unglaublich viel Perspektive gibt. Gott ist ein Gott der Ordnung. Es heißt über ihn:

Denn Gott ist nicht ein Gott der Unordnung,
sondern ein Gott des Friedens
(1. Korinther 14,33; NL).

Wenn Gott ein Gott des Friedens und nicht der Unordnung ist, dann muss das Auswirkungen auf die Dinge haben, die er erschafft.

Da Muttersein von einem Gott der Ordnung und des Zieles
erschaffen wurde, liegt es nahe, dass sein Wunsch und seine
Absicht für unser Muttersein auch Ordnung und Ziel sind.
Leslie Ludy

Wenn Ordnung herrscht, dann bedeutet das nicht gleich Stumpfsinnigkeit und Strenge. Es bedeutet Frieden. Es gibt Sicherheit und Freude, wenn wir uns auf Dinge verlassen können. Wenn alles seine Ordnung hat. Wir können dabei zur Ruhe kommen. Ordnung im Leben ist wichtig für das Wohlbefinden. Ich merke, dass die Tage, an denen ich unzufrieden mit mir, meinen Kindern und überhaupt mit der Welt bin, die Tage sind, an denen mir die Ordnung (und damit der Frieden) gefehlt hat. Andersherum fühle ich mich gut und bin zufrieden, wenn ich nicht von einem Chaosmoment in den nächsten gestolpert bin.

Natürlich haben wir nicht alle Fäden in der Hand. Wir können noch so organisiert und diszipliniert sein: Es passieren immer unvorhergesehene Dinge. Das Leben ist nicht planbar. Besonders nicht das Leben mit kleinen Kindern. Ich glaube, das ist auch der Grund, warum man manchmal versucht ist, Kinder so mit Chaos in Verbindung zu bringen.

Allerdings muss ich bekennen, dass Chaos bei mir meistens dann entsteht, wenn ich zu gemütlich werde. Wenn ich aufhöre, das zu tun, von dem ich weiß, dass ich es jetzt tun müsste. Ich aber zu bequem bin, es zu tun. Wenn ich lieber noch einen Moment länger auf dem Sofa bleibe, bevor ich die Kids für den Kindergarten fertig mache. Und wir dann alle in Stress und schlechte Laune geraten. Wenn ich lieber noch etwas länger im Internet surfe, anstatt mir einen vernünftigen Einkaufszettel zu schreiben. Und ich nachher beim Kochen dastehe und mir Zutaten fehlen. Es können unplanbare Dinge sein, die den Frieden in unserer Familie rauben. Aber manchmal (oder ehrlich gesagt: meistens) ist es einfach meine Gemütlichkeit.

Es ist so leicht, die „Mamasein-bedeutet-Leben-im-Chaos"-Schiene zu fahren. Und es ist so herausfordernd, Ordnung und damit Frieden in einem Haus mit kleinen Kindern zu schaffen. Oft scheint es einem, dass Kinder es sich zum Ziel gemacht haben, alles wieder durcheinanderzubringen, was man gerade aufgeräumt hat. Also warum noch versuchen? Die Spielsachen werden eh wieder den ganzen Boden verzieren und der Flur wird spätestens nach dem nächsten Spielplatzbesuch wieder mit Sand und Fußabdrücken geschmückt sein. Wozu also die Mühe?

Weil es Frieden in die Familie bringt. Keiner lebt gerne im Chaos. Weder Kinder noch Eltern. Alle wünschen sich in der Regel Stabilität, Hygiene und keinen Stress. Leider entstehen diese Dinge eben nicht ohne Anstrengung. Man muss sich ständig aufraffen und gegen die eigene Bequemlichkeit ankämpfen. Aber ich muss sagen, dass ich immer so glücklich bin, wenn ich dem Chaos entgegengetreten bin und etwas mehr Ordnung in unsere Familie gebracht habe. Es macht mich gleich viel zufriedener mit meiner Aufgabe als Mami. Weil Ordnung Frieden bringt. Und damit auch Zufriedenheit entsteht.

Bei alldem ist es für mich so gut zu wissen, dass ich nicht auf mich allein gestellt bin und das nicht aus eigener Anstrengung schaffen muss. Ich kann mich daran erinnern, dass Jesus meine Kraft sein möchte. Dass er das tun möchte, was mir als unmöglich erscheint. (Und wie oft kommt einem eben Ordnung im Familienleben als unerreichbar vor?) Ich kann ihn bitten, mir dabei zu helfen, wenn ich mir mehr Ordnung und damit mehr Frieden in meinem Familienleben wünsche.

Wie du dein Haus ordnest,
wie du deine Zeit einteilst,
die Sorgfalt, die du deinem
persönlichen Aussehen widmest,
wofür du dein Geld ausgibst:
Das alles spricht laut
von deinem Glauben.
Der daraus resultierende Friede
wird in einem wohlgeordneten Leben
ausgestrahlt. Ein unordentliches Leben
zeugt von Unordnung in der Seele.

Elisabeth Elliot

Spieglein, Spieglein an der Wand ...

Es ist anstrengend! Und oft frustrierend! Aber ja, es stimmt, manchmal erwärmt es einem auch das Herz.

Eine Ahnung, wovon ich rede? Es ist dein Spiegel. Nein, ich meine nicht deinen Badspiegel. Ich rede von einem anderen Spiegel. Wir alle haben ihn. Es ist der Spiegel einer jeden Mama: unsere Kinder.

Kinder sind ein ziemlich verlässlicher Spiegel ihrer Eltern. Sie kopieren einfach das, was sie bei ihnen sehen. Sei es Gutes oder Schlechtes. Meine Kinder spiegeln praktisch alles, was mein Mann und ich tun. Sie plappern unsere Redewendungen nach (was sich zum Schreien komisch anhören kann ;-) und imitieren unsere Gestik und Mimik. Aber nicht nur das. Sie übernehmen (zumindest fürs Erste) auch unsere Werte und Regeln.

Ich bin immer wieder neu überrascht, wenn ich meinen Mann oder mich in ihrem Verhalten wiedererkenne. Manchmal freut mich das total. Zum Beispiel empfing mich mein 5-jähriger Sohn letztens, als ich nach Hause kam, mit den Worten: „Schön, dass du wieder hier bist, Mami!", und strahlte mich an. Ich war total baff und fühlte mich so geliebt. Es war der Hammer! Aber dann fiel mir ein, dass ich ihn jeden Tag mit genau diesen Worten und genau diesem Lächeln empfange, wenn er aus dem Kindergarten wiederkommt. Er spiegelte mich.

Genauso gibt es aber auch Situationen, über die ich nicht besonders begeistert bin. Dann werde ich ungehalten über das Verhalten oder die Worte meiner Kinder. Erschrocken muss ich manchmal feststellen, dass sie mich auch in solchen Situationen einfach nur kopieren, mein Verhalten oder meine

Worte gewählt haben. Sie spiegeln mich im Guten wie auch im Schlechten.

Dieses Spiegeln macht mir eine Sache mehr als deutlich bewusst: Das, was ich meinen Kindern beibringen will, muss ich erst einmal selber umsetzen. Das ist *das* Prinzip jeglicher Leiterschaft. Ich kann nichts von anderen erwarten, das ich selbst nicht bereit bin zu tun. Das gilt besonders für das Leben mit Kindern. Alles, was ich mir von ihnen wünsche, muss ich ihnen zunächst vorleben. (Und da reicht auch nicht ein einziges Mal.) Dann werden meine Kinder mit großer Wahrscheinlichkeit genau das übernehmen, weil sie mich spiegeln.

Puh, das ist eine ganz schöne Herausforderung. Es gibt mir als Mama den Anstoß, selber nach den Werten zu leben, die ich für so wichtig erachte. Und das ist nicht immer einfach. Aber es ist notwendig. Es ist wichtig, dass wir uns genau überlegen, was wir uns für unsere Kinder wünschen. Welche Werte sollen sie verinnerlichen? Was für einen Umgangston sollen sie pflegen? Was sollen sie tun oder nicht tun? Und wenn wir uns darüber im Klaren sind, dann müssen wir all das zuerst selbst leben. Klar ist das keine Garantie dafür, dass unsere Kinder dann nie andere Wege gehen werden. Aber es wirkt sich auf jeden Fall förderlich aus.

Wenn du möchtest, dass deine Kinder freundlich sind, dann sei auch du freundlich zu ihnen. Wenn du möchtest, dass deine Kinder zuhören, wenn ihnen etwas gesagt wird, dann sei auch du eine gute Zuhörerin, wenn sie dir etwas erzählen. Wenn du möchtest, dass sie ordentlich sind, dann sei auch du ordentlich. Wenn du möchtest, dass sie hilfsbereit sind, dann sei auch du gerne bereit, ihnen zu helfen.

Ich weiß, das sind ein paar ernste Worte. Und gewöhnlich hören wir so etwas nicht gerne. Aber es ist so, so wichtig, dass wir dieses Prinzip als Mamas verinnerlichen. Kinder sind sehr sensibel für Ungerechtigkeiten. Sie werden sofort merken, wenn wir uns nicht an unsere eigenen Regeln halten. Paulus schreibt darüber, wie elementar es ist, dass wir authentisch leben:

Denn ich möchte nicht anderen predigen und dann als einer dastehen, der sich selbst nicht an das hält, was er sagt (1. Korinther 9,27; NGÜ).

Ich muss bekennen, dass ich schon mehr als einmal meinen Kindern etwas „gepredigt" habe, an das ich mich selber nicht gehalten habe. Eine unserer Regeln ist es zum Beispiel, dass wir beim Essen am Tisch sitzen bleiben und nicht aufstehen (um rumzuhüpfen, zu schreien und 1000 Spielsachen zu holen, die dann auf dem Tisch sitzen und mitessen sollen). Immer wieder kommt es aber vor, dass ich vom Tisch aufstehe (um schon mal abzuräumen, die Spülmaschine anzustellen und die Essensreste in den Kühlschrank zu puzzeln). So gut meine Absichten hier auch sein mögen, was meine Kinder sehen, ist: Mami hält die Regel nicht ein, an die ich mich halten soll. BÄM. Und schon haben meine Kinder das Gefühl, dass ich mit zweierlei Maß messe. Das heißt nicht, dass es nicht auch Ausnahmen geben kann. Natürlich sehen unsere Kinder, dass wir beispielsweise Kaffee trinken und sie das nicht dürfen. Aber Kinder verstehen sehr gut, dass Erwachsene manche „Sachen dürfen", die Kinder eben nicht dürfen. Aber für die meisten Situationen gilt, dass das, was ich sage, und das, was ich tue, deckungsgleich sein muss.

Liebe Mami, ich wünsche dir ganz viel Kraft, immer deckungsgleich mit deinen Worten zu leben. Das ist kein leichter Weg. Aber ein notwendiger. Und wenn du es einmal nicht geschafft hast, dann bitte deine Kinder um Verzeihung. Mit großer Wahrscheinlichkeit werden sie sofort bereit sein, dir zu vergeben. Sie werden deine Ehrlichkeit ihnen gegenüber sehr schätzen.

Beschützerin

Meine geliebte Tochter!

Du bist eine Beschützerin. Und deine Familie ist ein Schatz. Dein wertvoller Schatz. Aus Liebe überreicht von mir. An dich. Mein Geschenk an dich.

Du bist eine Beschützerin. Etwas Wertvolles muss beschützt werden. Beschützt vor allem, was Schaden anrichten kann. Und sei er noch so klein. Die Herzen deiner Kinder sind so verwundbar. Sie sind so offen für alles, was ihnen begegnet. Sei es Gutes oder Schlechtes. Beschütze ihre Herzen. Mit demselben Eifer, mit dem du auch ihren Körper schützt durch Kindersicherungen, Anschnallgurte, Impfungen und Arztbesuche. So wie Viren ihren Körper angreifen, so schaden schlechte Einflüsse ihren Herzen. Und genauso wie sie dich brauchen, um körperlich versorgt zu werden, wenn sie krank sind, so brauchen sie dich, wenn ihr Herz angegriffen wird. In meinem Wort heißt es: „Vor allem aber behüte dein Herz, denn dein Herz beeinflusst dein ganzes Leben" (Sprüche 4,23; NL). Als Mutter sollst du dein Herz und das Herz deiner Kinder beschützen.

Du bist eine Beschützerin. Und dein Zuhause ist eine Schutzmauer. Nutze sie. Mach sie undurchdringbar für alles, was deiner Familie schadet. Lass nicht jede Weltanschauung herein, die es sich bei euch gemütlich machen will. Prüfe sie zuerst. Öffne nicht jedem Spielzeug, jedem Film oder Buch die Tür. Überlege, ob sie euch bereichern oder schaden werden. Welche Werte und Überzeugungen würden sie deinen Kindern beibringen? Die Tür nicht für alles zu öffnen, hat nichts mit

Engstirnigkeit, Verbohrtheit oder Gesetzlichkeit zu tun, sondern mit Weisheit.

Du bist eine Beschützerin. Schütze das, was gut ist. Und schaffe Raum dafür in deiner Familie. Ein Zuhause füllt sich immer. Lass es die richtigen Dinge sein. Mein Wunsch für dich und deine Familie ist: „Prüft alles, und behaltet das Gute!" (1. Thessalonicher 5,21; Hfa). Mach euer Zuhause zu einer Oase des Schönen, Reinen und Guten. Mach es zu einem Ort, an dem viel Platz für mich ist. Denn ich möchte deine Familie segnen. Ich halte immer mehr bereit. Meine Segensschatztruhen sind nie leer oder aufgebraucht.

Ich bin euer Beschützer. Ich lege meine Arme schützend um deine Familie, wie du deine um dein weinendes Baby legst. Ich wache über euch, wie du über deine Zweijährige wachst, die im Planschbecken tollt. Ihr seid mein Schatz. Umhüllt von meiner Liebe. Ich werde niemals unachtsam mit meinem Schatz umgehen. Ich liebe euch.

miss slave

Ein herzzerreißender Schrei erschallt in unserem Haus. Ich lasse den Putzlappen fallen und laufe zu meinem 3-jährigen Sohn, voller Sorge, was ihm geschehen sein mag. Mit Tränen in den Augen kuschelt er sich an mich, und während ich versuche, ihn zu trösten, informiert mich sein älterer Bruder über den Tatverlauf: „Er hat mich gehauen. Dann habe ich zurückgehauen." Nachdem ich den brüderlichen Streit geschlichtet und zum hundertsten Mal erklärt habe, dass Hauen keine erstrebenswerte Konfliktbewältigung ist, versuche ich, mit meinem Putzlappen gerüstet, mich wieder dem Bad zu widmen.

Ich bin kaum weitergekommen, als plötzlich das nächste Weinen unsere vier Wände erfüllt. Meine Tochter hat Hunger. Also nehme ich die Kleine auf den Arm und stille sie. Nachdem sie satt und wieder zufrieden in ihrem Bettchen liegt, schleiche ich mich zurück ins Bad.

Ich schrubbe (mittlerweile schon etwas genervt) die Badewanne, als die nächste Unterbrechung auf mich wartet. „Mami, kannst du mit uns spielen?" Ich schaue in die erwartungsvollen Augen meiner Jungs. Eigentlich will ich endlich in Ruhe das Bad putzen. Aber die beiden haben sich jetzt auch schon eine volle Stunde allein beschäftigt. Und eigentlich wollte ich doch noch so viel erledigen, während die Kleine schläft ... „Okay, ihr zwei", seufze ich, „holt schon mal die Eisenbahnkiste raus. Ich mache hier noch ganz schnell fertig und dann komme ich zu euch, ja?" Mit einem begeisterten Juchzen stürmen die zwei ins Wohnzimmer – leider so laut, dass ihre kleine Schwester davon wach wird. In Windeseile hechte ich noch mit meinem Lappen zu Ende durchs Bad, musikalisch untermalt vom immer lauter werdenden Protest meiner Tochter. Endlich das Großprojekt „Badputz" beendet, mache ich es mir mit meinem Baby auf dem Arm auf dem Boden bequem und versuche das nächste Abenteuer als Lokführer zu bewerkstelligen.

In etwa so laufen viele meiner Tage ab. Mamasein ist ein Full-Time-Job. Eine Aufgabe folgt der nächsten. Bei alledem ist es ganz leicht, sich überwältigt oder frustriert zu fühlen. Manchmal kommen mir die früheren Tage, an denen ich meine Zeit ungestört organisieren und nutzen konnte, so unwirklich vor wie Schnee im Hochsommer.

Nach vielen Frusterfahrungen wird mir eine Sache jedoch immer klarer: Es hängt alles von meiner Einstellung ab! Es sind nicht die Umstände, die über meine Zufriedenheit und Freude entscheiden, es ist meine Einstellung, meine Motivation!

„Ich bin deine Sklavin!", hörte ich eine junge Mutter stöhnen, die von ihrem Baby auf Trab gehalten wurde. Eine Sklavin. Ich glaube, die meisten Mamas hatten schon den einen oder anderen Sklavenmoment – mich eingeschlossen. Es stimmt, es gibt diese Tage, an denen man sich fühlt, als hätte man kein eigenes Leben mehr, sondern existiere nur noch für die Bedürfnisse anderer. Aber was macht es mit mir, wenn ich mich wirklich als Sklavin meiner Kinder sehe? Das Ergebnis dieser Einstellung ist Unzufriedenheit. Wie kann ich zufrieden meine Aufgaben angehen, wenn ich mich wie zur Zwangsarbeit abkommandiert empfinde? Wie kann ich fröhlich für meine Kinder sorgen, wenn ich mich von ihnen bestimmt fühle?

Wie denkst du über deine Rolle als Mama? Fühlst du dich ausgebremst? Hast du den Eindruck, dass alle Welt alles tun kann und nur du festsitzt? Beneidest du deinen Mann, wenn er morgens aus dem Haus „darf", um zu arbeiten? Alle sind frei und nur du musst den ganzen Tag Windeln wechseln und deine 3-Jährige davon überzeugen, dass man auch „grüne Sachen" essen muss und nicht allein von Schokopudding leben kann?

Aber nicht nur deine Gedankenwelt spricht Bände – es sind vor allem deine Worte. Wie redest du über deine Aufgaben? Was sprudelt aus dir heraus, wenn dein Mann von der Arbeit heimkommt? Begrüßt du ihn schon mit einem „Endlich bist du da!"-Stöhnen? Schmückst du all die schwierigen Situationen des Tages besonders ausführlich aus, um bei ihm Mitleid dafür zu erwecken, was für eine Last du den ganzen Tag getragen hast? Wenn du ständig unzufrieden bist und das Gefühl hast, alle anderen haben es besser als du, könnte es sein, dass du dich als Sklavin deiner Kinder siehst.

Es ist wichtig, diese Gedankenmuster zu durchbrechen, die man sich im Laufe der Zeit so aufgebaut hat (selbst dann, wenn wir das nur unbewusst getan haben). Veränderung können wir dann erfahren, wenn wir beginnen, unsere verdrehten Gedanken durch Wahrheit zu ersetzen. Es ist wichtig herauszufinden, was Gott dazu denkt, und uns von ihm leiten zu lassen, weil er die Wahrheit ist.

Nur wenn unsere Motivation stimmt, kann sich auch wirkliche Zufriedenheit ausbreiten. Unsere Zufriedenheit hängt an unserer Motivation. Aber welche Motivation ist die richtige ...?

miss perfect

Ich fühle mich auf einmal so unwohl in meiner Haut! Komisch, warum eigentlich? Eigentlich ist alles so nett hier. Eigentlich macht auch sie alles richtig. Sie ist immer freundlich und zuvorkommend. Es ist einfach unglaublich, wie sie sich um uns Gäste kümmert.

Ahh, vielleicht ist es genau das: Sie ist zu perfekt! Sie macht eben ALLES RICHTIG! Und daneben fühle ich mich mit meiner Mittelmäßigkeit ziemlich ... sagen wir ... *mittelmäßig.* Indem ich alles sehe, was sie richtig macht, bemerke ich auch alles, was ich *nicht* richtig mache. Und das ist nicht gerade wenig. Und ich merke, wie ich mich davon beeinflussen lasse. Wie ich unzufrieden werde und damit beginne, selber alles perfekt machen zu wollen.

Bei ihr läuft alles so glatt. Das Haus ist wie gestriegelt. Der Haushalt perfekt organisiert. Auch Dinge, die ich mir so sehr wünsche. Vielleicht muss ich mich einfach nur noch mehr anstrengen. Noch disziplinierter werden. Ihre Kinder sind gut erzogen und talentiert. Sie ist geschmackvoll gekleidet und gut gestylt. Au Mann, ich hab echt noch eine Menge zu lernen. Ich muss noch mehr an mir arbeiten.

Sie ist bemüht, überall ihr Bestes zu geben. Wenn sie etwas anfängt, dann tut sie es richtig. Halbe Sachen sind nicht ihr Ding. Sie ist fleißig und geht Dinge an. Auf andere wirkt sie erfolgreich und bewundernswert. Sie muss Supermom sein! Zwischen uns liegen Lichtjahre!

Doch diese Miss Perfect wird getrieben von ihrem Drang nach Perfektion. Und wie schnell lasse ich mich davon anstecken? Jeder möchte es doch schön und perfekt haben. Wir lieben gute Dinge. Vom Prinzip ist der Anspruch, Dinge gut zu machen, natürlich nicht falsch. Problematisch wird es erst, wenn

Perfektion zu meiner Motivation wird. Hier stellt sich dann sehr schnell Unzufriedenheit ein.

Onlineboards wie Pinterest tragen ihren Teil dazu bei. Ich halte mich immer genau so lange für organisiert oder kreativ, bis ich all die anderen Frauen sehe, die ihr unglaubliches Geschick dort präsentieren. Neben all den super durchdachten Bastelideen für Kinder, perfekt eingerichteten Häusern, den wunderschönen Näh- und Häkelprojekten sehen meine eigenen Versuche mickrig aus. Unzufriedenheit entsteht. Wenn es das Streben nach Perfektion ist, das mich antreibt, dann setze ich mich selbst unnötig unter Druck. Aber wenn man ganz ehrlich ist: Es ist gar nicht so einfach, sich von dem Druck frei zu machen, was andere vielleicht über mich denken. Wer will schon gerne als chaotisch und überfordert vor anderen dastehen? Die „Was-werden-die-anderen-von-mir-denken"-Falle schnappt schneller zu, als einem bewusst und lieb ist.

Es ist ja auch ein schöner Gedanke, von anderen als Supermom wahrgenommen zu werden. Allerdings geht es herzlich wenig darum, was andere Menschen von mir denken oder nicht denken. Es geht darum, was Gott von mir denkt.

Es wird schnell etwas problematisch, wenn ich anfange, mich zu vergleichen. Wenn ich denke, dass ich besser bin als andere Mamis, dann ist das Stolz und Arroganz. Wenn ich denke, dass die anderen Mamis erfolgreicher sind als ich, gerate ich in Selbstmitleid und Minderwertigkeitsgefühle.

Es ist gar nicht einfach, den Mittelweg zwischen Anspruch und Zuspruch zu finden. Der Anspruch, meine Aufgaben gut zu erledigen und mich dabei auch zu bemühen, ist wichtig und nötig. Ich brauche da immer wieder Erinnerungen. Gleichzeitig darf ich nicht in die Perfektionismusfalle tappen und von mir und anderen erwarten, dass alles bis zur Perfektion getrieben wird. Da ist der Zuspruch Gottes, dass man nicht alles tun und können muss, ebenso wichtig.

Manchmal bringe ich auch einfach durcheinander, was Gott eigentlich für mich als Mama geplant hat. Seine Vorstellungen vom Mamaleben sind eben nicht permanenter Stress, Verzweiflung, Burnout und Unzufriedenheit. Er sagt mir nicht ständig: „Du musst besser werden! Streng dich an." Diesen Druck mache ich mir in der Regel selber.

Ja, es stimmt, dass das Mamasein mir mein Bestes und Hingabe abverlangt. Aber nicht über meine Kraft hinaus. Gott sagt: „Lebe aus meiner Kraft! Lehn dich bei mir an. Ich rüste dich mit allem aus, was du brauchst!" Mit dem Ergebnis: Zufriedenheit, Freude, Staunen über Gott und Gelassenheit im Mamaleben.

Gottes Blick ist ganz anders. Er sieht nicht mit dem Perfektionismusauge. Und ich merke wieder einmal: Es lohnt sich, auf seine Stimme zu hören.

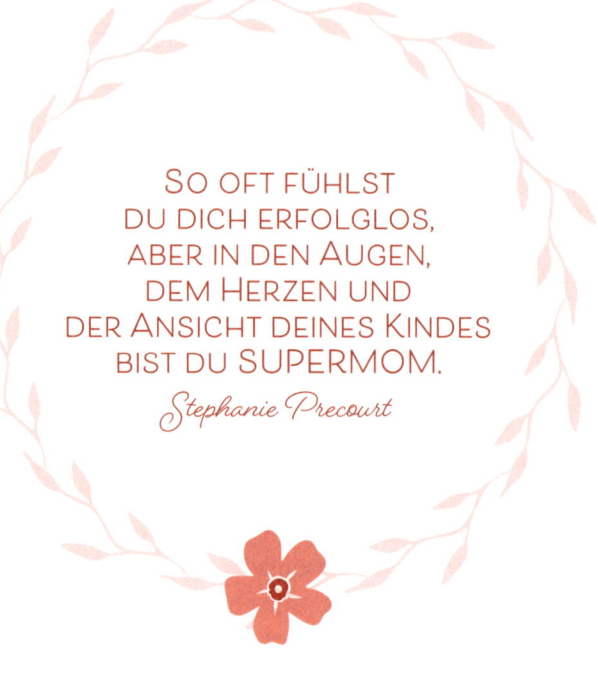

SO OFT FÜHLST
DU DICH ERFOLGLOS,
ABER IN DEN AUGEN,
DEM HERZEN UND
DER ANSICHT DEINES KINDES
BIST DU SUPERMOM.

Stephanie Precourt

miss Love

Nein, nicht schon wieder! Das Schreien meiner Tochter reißt mich aus meinen Träumen. Warum kann ich denn nicht einfach mal in Ruhe schlafen? Andere Babys schlafen doch auch durch. Warum meine eigentlich nie? Das Gebrüll wird lauter und lauter. Ich mag einfach nicht mehr. Ich will schlafen! Aber was soll's? Ich kann die kleine Maus ja nicht hungern lassen.

Ich hole sie mir ins Bett und lasse sie trinken. Allerdings sind meine Gefühle und Gedanken nicht gerade vorbildlich. Innerlich beschwere ich mich über diese Störungen meiner Nachtruhe und dass ich schon seit Monaten nicht mehr durchschlafen konnte.

Während ich so in meinem Missmut schwelge, kommt mir plötzlich eine Frage in den Sinn. Mir scheint, als würde Jesus selbst mir diese Frage stellen: „Anne, was wäre, wenn ich dein Baby wäre und großen Hunger und Durst leiden würde? Würdest du mich dann mit derselben genervten Einstellung stillen?" Das sitzt! So habe ich das noch nie wirklich gesehen. Wie anders wäre die Situation auf einmal.

Eine Bibelstelle kommt mir in den Sinn:

„Denn ich war hungrig, und ihr habt mir zu essen gegeben.
Ich war durstig, und ihr gabt mir zu trinken.
Ich versichere euch: Was ihr für einen der Geringsten
meiner Brüder und Schwestern getan habt,
das habt ihr für mich getan!"
(Matthäus 25,35+40; NL).

Was für eine überwältigende Wahrheit! Wenn ich mich um mein weinendes Baby kümmere, dann gilt meine Zuwendung Jesus Christus. Beschämt muss ich ihm antworten: „Nein, Herr, dann würde ich es mit einer anderen Einstellung tun. Ich würde mich geehrt fühlen, dich zu versorgen, wenn du mein Baby wärst – auch mitten in der Nacht."

Hast du dich auch schon einmal gefragt, wie es für Maria gewesen sein muss, Jesus als Baby und Kind zu versorgen? Ihn zu trösten, ihm ein Schlaflied vorzusingen und einen Gutenachtkuss auf die Stirn zu drücken? Wie oft beneiden wir sie vielleicht sogar um diese Erfahrung? Welch ein Privileg sie gehabt hat!

Ich möchte Marias Privileg jetzt keineswegs infrage stellen, aber die wunderbare Wahrheit, die Jesus selbst uns in diesem Bibelabschnitt erklärt, ist, dass jede Mama dasselbe Privileg erfährt. Jesus sagt, wer etwas Gutes für einen dieser Geringsten und Kleinsten tut, tut es für ihn! Obwohl er sich nicht ausdrücklich an Mütter wendet, so sind sie doch in jedem Fall mit in diese Aussage einbezogen. Wenn sich nicht eine Mutter für kleine und scheinbar unbedeutende Menschen einsetzt, wer dann?

Liebe Mami, wenn du dich um deine Kinder kümmerst, dann dienst du damit Jesus höchstpersönlich! Er ist es, für den du deinen geliebten Job aufgegeben hast. Er ist es, für den du deinen Schlaf opferst. Er ist es, für den du zum hundertsten Mal dieses Baustellen-Buch liest. Für ihn wäschst du die dreckige Wäsche. Für ihn kochst du das Essen. Für ihn wechselst du Windeln. Deine Arbeit und Mühe gehen weit über das Sichtbare hinaus. Es sind nicht nur deine Kinder, für die du dich einsetzt und für die du Opfer bringst. Es ist Jesus. Weil Jesus sich mit den Geringen, mit den Kleinen, mit den Unbedeutenden, mit den Kindern identifiziert. Du dienst ihm. Kann es eine höhere und bedeutendere Motivation geben? Gibt es etwas, das mehr Wert hat?

Unsere Motivation hat viel mit unserer Blickrichtung zu tun. Was motiviert uns? Oder wer motiviert uns? Sowohl Miss Slave als auch Miss Perfect lenken ihren Blick in die falsche Richtung – sie schauen auf Menschen. Entweder auf sich oder auf andere. Die richtige Blickrichtung ist allerdings Jesus. Wir müssen auf ihn schauen, wenn wir aus dem richtigen Antrieb heraus handeln wollen.

Jesus wünscht sich, dass wir ihm aus Liebe dienen. Unser Dienst und unsere Nachfolge sollen nicht aus Zwang geschehen, sondern tiefer Zuneigung entspringen. Liebe zu Jesus soll auch unsere Triebkraft sein, wenn wir anderen etwas Gutes tun und für sie da sind. Wenn du für deine Kinder sorgst, dann tu es aus Liebe zu Jesus!

Ich wünschte, ich könnte von mir sagen, dass ich immer aus dieser Motivation heraus handeln würde. Viel zu oft sehe ich in meinen Kindern Trotz oder Aufmüpfigkeit, aber nicht Jesus. Ich wünsche mir sehr, meine Liebe zu Jesus immer mehr zu meiner Motivation werden zu lassen. Ich möchte Jesus dienen, nicht als Sklavin voller Selbstmitleid, nicht voll Neid auf andere, die anders dienen, nicht als Miss Perfect mit einem Drang nach Anerkennung, sondern einfach weil es Jesus ist. Mein Mamasein soll geprägt sein von Liebe zu ihm! Und so ganz nebenbei spüre ich: Freude, weil ich Jesus dienen kann.

CHRISTUS-ZENTRIERTES MUTTERSEIN SAGT:
DER EINZIGE WEG, UM WIRKLICH EINE
GOTTESFÜRCHTIGE FRAU ZU WERDEN,
IST AUFZUHÖREN, PERFEKT SEIN ZU WOLLEN,
UND STATTDESSEN VOLLSTÄNDIG ABHÄNGIG
VON DEM EINZIGEN ZU SEIN, DER PERFEKT IST.
WIR MÜSSEN FÜR DIESE HOHE BERUFUNG
VÖLLIG AUF DIE GNADE GOTTES BAUEN,
INDEM WIR DARAN GLAUBEN, DASS ER UNS
FÜR SIE AUSRÜSTET. MIT SEINER KRAFT KÖNNEN
WIR EIN LEBEN LEBEN, DAS SONST UNMÖGLICH
WÄRE. UND DAS OHNE AUSZUBRENNEN.
WARUM? WEIL NICHT MEHR ICH ES BIN,
DER LEBT, SONDERN CHRISTUS LEBT IN MIR.

Leslie Ludy

Power Inside

Manchmal fühle ich mich wie ausgepumpt. Die Verantwortung und die Aufgaben als Mama überrollen mich und ich fühle mich einfach überfordert. Geht es dir auch manchmal so?

So oft scheint mir, dass ich als Mama für so viele Dinge in der Familie verantwortlich bin. Es gibt ein Sprichwort im Englischen, das das, was ich meine, perfekt widerspiegelt: „If mommy ain't happy, ain't nobody happy!" Zu Deutsch: Wenn Mama nicht glücklich ist, dann ist niemand glücklich! Wie wahr! Ich hab bereits mehr als einmal herausgefunden, dass das stimmt. Aus irgendeinem Grund setzen wir als Mamis die Stimmung in der Familie. Ehrlich gesagt hab ich keine Ahnung, warum eigentlich. Aber es scheint so, als ob jeder in der Familie auf uns Mamas und unsere Stimmung schaut und davon seine eigene Gefühlslage abhängig macht.

Wenn ich die Ruhe bewahre und freundlich reagiere, selbst wenn „Land unter" bei uns herrscht, dann scheint die Situation irgendwie noch zu laufen, ohne zu eskalieren. Selbst dann, wenn alle anderen schlecht drauf sind. Verliere ich aber die Geduld und bin in schlechter Stimmung, dann ist es nur noch eine Frage der Zeit, bis der Rest der Familie ebenfalls unzufrieden ist. Das kann echt anstrengend sein. Man muss mehr als sonst sowieso schon auf seinen emotionalen Zustand achten, da man weiß, dass die Laune der gesamten Familie davon abhängen kann.

Und was ist mit all den anderen Aufgaben, die ich als Mami noch habe? Wie gehe ich mit meiner Verantwortung um? Was kann ich tun, wenn ich das Gefühl habe, dass meine Kräfte einfach nicht reichen?

Es gibt eine wunderbare Nachricht für alle, die spüren, dass ihre Kräfte begrenzt sind (also JEDEN!):

Christus lebt in euch! Darin liegt eure Hoffnung:
Ihr werdet an seiner Herrlichkeit teilhaben
(Kolosser 1,27; NL).

Mein altes Leben ist mit Christus am Kreuz gestorben.
Darum lebe nicht mehr ich, sondern Christus lebt in mir!
(Galater 2,19-20; Hfa).

Das Geheimnis deiner Kraft ist Jesus Christus in dir! Wenn du Gottes Kind bist, dann wohnt Jesus in dir!

Was heißt das jetzt für eine erschöpfte und überarbeitete Mama? Es bedeutet, dass wir nicht mehr an unsere begrenzten Möglichkeiten und Kräfte gebunden sind. Wenn Jesus mit all seiner Kraft und Macht in uns lebt, dann sind so manche unmöglichen Dinge möglich! Jesus wohnt in dir. Seine göttliche Kraft und alles überragende Schönheit kann durch uns scheinen, wenn wir es ihm erlauben.

Und die kann, wie es für Gott typisch ist, vielfältig sichtbar werden. Zum Beispiel darin, dass wir ruhig bleiben können, wenn unsere Kinder einen Ausraster nach dem anderen bekommen. Oder dass wir uns liebevoll um sie kümmern können, wenn wir eigentlich selbst eine Umarmung bitter nötig hätten.

Ganz im Ernst – wenn Jesus nicht in mir wirken würde, könnte ich mein Leben nicht so führen, wie ich es tue. Manchmal frage ich mich selber, woher eigentlich die Kraft für viele Dinge kommt. Aus mir bestimmt nicht. Das weiß ich genau. Ich bin keine von diesen Powerfrauen, die alles mit links meistern. Ich stoße ständig an meine Grenzen. Ich habe das Wirken Jesu in mir so, so nötig. Und deshalb komme ich auch so oft zu ihm, manchmal wie ein kleines Mädchen zu ihrem Papa. Jeden Tag bitte ich ihn darum, durch mich zu wirken. Ich bitte ihn, dass er mit seiner Kraft das tut, was ich nicht kann. Dass er mit seiner Liebe liebt, wenn ich genervt bin. Ich versuche mir täglich bewusst zu machen, dass ich von ihm abhängig bin. Dass ich ihn so sehr brauche. Aber gerade durch diese Abhängigkeit werde ich täglich Zeuge seines Wirkens in mir.

Liebe Mami, auch du kannst zu deinem Papa im Himmel laufen, hast Zugang zu dieser Herrlichkeit. Auch du hast die Möglichkeit, Jesus und seine Kraft „am eigenen Leib" zu spüren. Du bist nicht an deine Grenzen gebunden. Der grenzenlose und Grenzen sprengende Jesus Christus lebt in dir! Und er möchte dich mit all der Kraft ausstatten, die du für deinen Mamaalltag so dringend brauchst.

Gott erwartet nicht von dir, dass du alles alleine schaffst. Lass dich jeden Tag neu von ihm erfrischen! Bitte ihn, durch dich zu wirken. Bitte ihn, deine Kinder durch dich zu lieben. Er ist da. Und er wartet nur darauf, von dir eingeladen zu werden, den Alltag zu meistern. Er macht das mit einem Schnipser, was sich vor dir wie ein Berg auftürmt. Aber er mischt sich nicht einfach so ein. Er wartet auf deine Einladung ...

Ein Geheimnis, das beflügelt

Ich möchte dich beflügeln!

Ich möchte dir Flügel geben, dass du fliegen kannst. Auch durch deinen Mamaalltag.

Es tut mir weh, wenn ich sehe, wie du dich abmühst. Wie du unermüdlich ackerst. Jeden Tag bist du für deine Kinder da. Jeden Tag kochst du ihnen etwas Tolles. (Ja, es ist frustrierend, dass sie das häufig nicht so sehen und über alles Grüne im Essen meckern. Da hast du recht.) Jeden Tag räumst du Spielsachen auf und machst sauber. Oft fühlst du dich von all deinen Aufgaben und der großen Verantwortung überfordert. Dir scheint alles über den Kopf zu wachsen. Ich kann dich verstehen. Und du hast recht: Es ist auch alles zu viel für dich. Aber: Es ist nicht zu viel für mich. Nimm mich hinein in dein Mamaboot!

Ich würde dir gerne ein Geheimnis verraten: Wenn du die Zeit mit mir zu einer Priorität machst, dann geht dir alles andere viel leichter von der Hand. Wenn es dein Herzensanliegen wird, mir nahe zu sein und auf mich zu hören, dann wirst du Energie und Zeit geschenkt bekommen. Du wirst nicht wissen, woher diese Reserven auf einmal kommen. Du wirst staunen.

Ich sag ja, es ist ein Geheimnis. Du wirst denken, dass du keine Zeit für mich hast. Aber wenn du dir diese Zeit trotzdem nimmst, wirst du feststellen, dass sie dir nirgends fehlt. Im Gegenteil. Du wirst sogar noch mehr davon zur Verfügung haben.

Hast du schon einmal die Geschichte in der Bibel gelesen, wie meine Jünger versuchten, etwas zu fischen, und sich die ganze Nacht abmühten? Aber sie fingen nichts. Manchmal fühlst du dich genau so, richtig? Du bist den ganzen Tag in Bewegung (und vielleicht auch die ganze Nacht ...), aber du siehst kein Ergebnis. Der gewischte Boden sieht aus wie vorher. Von der Mühe beim Kochen sieht man nur noch das dreckige Geschirr. Frust entsteht.

Weißt du, was die Jünger dann erlebten? Ich ging auf sie zu. Ich war in ihrer Nähe. Und ich forderte sie auf, noch einmal fischen zu gehen. Glaub mir, sie haben mich für bekloppt erklärt. Alles andere, aber nicht jetzt noch eine Frusterfahrung. Dazu hatten sie weder Zeit noch Lust. Und es war sinnlos – wenn es hell ist, fischt man keine Fische, das weiß jeder kleine Fischerjunge. Aber sie taten es trotzdem. Sie versuchten es. Sie vertrauten mir, OBWOHL ES KEINEN SINN MACHTE. Meine Liebe, vertraue auch du mir, auch dann, wenn es keinen Sinn macht. Nimm dir Zeit für unsere Beziehung, selbst dann, wenn du keine Zeit hast.

Als ich mit meinen Jüngern war, waren ihre Netze auf einmal voll. Sie konnten sich vor Fischen kaum retten. Eine scheinbar sinnlose Aktion bringt ein Ergebnis hervor, das einem den Mund offen stehen lässt. Unlogisch, oder? Es war dasselbe Netz, dasselbe Boot, derselbe See. Und auf einmal fluppte es.

Wenn du mich mit in dein Boot, in deinen Alltag als Mama nimmst, dann wird es richtig sein. Dir werden Dinge leichter von der Hand gehen. Es wird nicht logisch sein. Du wirst es kaum glauben können. Aber ich sage dir ja: Es ist ein Geheimnis.

Probiere es doch aus!

Und erlebe, wie ich dir Flügel verleihe!

WENN ICH MICH BEMÜHE,
DANN SCHEITERE ICH.
WENN ICH VERTRAUE,
DANN IST ER ERFOLGREICH.

Corrie ten Boom

Diät

Bei mir ist eine Diät angesagt. Und das nicht nur, weil ich die noch übrig gebliebenen Kilos nach der letzten Schwangerschaft loswerden möchte. Nein, es gibt eine weitaus wichtigere Diät. Wichtiger, als wieder in die Lieblingsjeans reinzupassen? Ja, definitiv. (Auch wenn man sich das kaum vorstellen kann, wenn man wieder frustriert versucht, sich in die alten Sachen reinzuquetschen. Aber das ist ein anderes Thema ...)

Und ungünstigerweise ist diese andere Diät nicht gerade einfacher – sie ist sogar bei Weitem herausfordernder. Allerdings hat sie sich sehr bewährt. Ihr Erfolgsrezept ist genial. Vielleicht hat sie sich deshalb schon so lange gehalten und wird von Generation zu Generation weitergegeben.

Ganz nebenbei bemerkt: Du könntest etwas von dieser Diät vertragen! Ja, ich weiß, das ist jetzt nicht gerade diplomatisch ausgedrückt. Und ja, es kann sein, dass du selbst nach vier Kindern immer noch blendend in deinem kleinen Schwarzen aussiehst. Aber diese Diät trägt eine komplett andere Hausnummer! Du hast sie nötig! Ich habe sie nötig! JEDER HAT SIE BITTER NÖTIG!

Gespannt, von welchem Wundermittelchen ich spreche? Ich verrate es dir:

„Er muss wachsen, ich aber muss abnehmen"
(Johannes 3,30; L).

Wer muss wachsen? Und warum muss ich abnehmen? Ich trage immer noch eine 36. Und was hat dieser Kerl mit meiner Figur zu tun?

Berechtigte Fragen. Okay, gehen wir dem Diätplan mal auf die Spur. Der, der wachsen muss, ist Jesus Christus. Und ich muss abnehmen, um ihm Platz zu machen. Warum? Weil ich ohne ihn nichts kann und nichts bin! Ich weiß, das hört sich irgendwie krass an, aber ich brauche Jesus so sehr. Und das anzuerkennen, macht den Glauben aus. Ich muss verstehen, dass ich aus mir heraus nichts zustande bringe. Ich habe Jesus nötig. Das kratzt am Stolz. Das ist nicht leicht anzunehmen. Und doch ist es das Befreiendste, was es gibt.

Wenn Gott weiß, dass ich nicht kann, dann muss ich auch nicht! Ist das nicht Musik in Mamaohren? Gott selbst sagt: „Du musst nicht!" Du musst nicht immer geduldig bleiben, wenn dein Sohn einen Wutanfall hat. Du musst nicht mit einem fröhlichen Liedchen auf den Lippen aus dem Bett hüpfen, wenn dein Baby die Nacht durchgemacht hat. Du musst nicht freudestrahlend den Boden wischen (den du heute Morgen erst sauber gemacht hattest und der jetzt nach dem Mittagessen wieder wie vorher aussieht). Du musst nicht! Warum? Weil Jesus es tut.

Wie ist das jetzt zu verstehen? Die meisten von uns haben weniger Probleme damit zu erkennen, dass sie Jesus als Erlöser brauchen; dass sie nicht in der Lage sind, sich selbst zu erlösen. Aber aus irgendeinem Grund denken viele Christen, dass sie alles andere allein, ohne ihn regeln können und müssen. Sie denken, dass sie aus eigener Kraft hilfsbereit, freundlich, geduldig und liebevoll sein müssen. Sie denken, dass sie aus eigener Kraft die Welt verändern müssen. Sie denken, dass sie aus eigener Kraft Berge versetzen müssen. Dabei ist das unmöglich. Kein Mensch kann das, aber Gott kann!

Und das Geniale ist, dass Gott mit seiner Kraft in uns wirken möchte. Durch seine Kraft werden wir erlöst. Durch seine Kraft können wir geduldig und freundlich reagieren. Durch seine Kraft können Dinge verändert werden. Damit er durch uns und in uns wirken kann, müssen wir aus dem Weg gehen. Er muss wachsen und wir müssen abnehmen.

Ich bin kein Handwerker. So gar nicht. Ich schaffe es gerade so, eine Wand zu streichen oder ein Kinderbett von IKEA aufzubauen, aber dann hören meine handwerklichen Fähigkeiten auch schon so ziemlich auf. Und weißt du was? Ich hab kein Problem damit. Wenn eine für mich schwere Aufgabe ansteht (wie z. B. eine Lampe aufzuhängen … Wehe, du lachst mich aus!), dann bitte ich meinen Mann, es für mich zu tun. Oder wenn mein Computer spinnt, dann frage ich ihn, ob er das für mich wieder in Ordnung bringen kann. Ich gestehe mir ein, dass ich in diesen Dingen keine Leuchte bin, und hole mir Hilfe, anstatt es auf Biegen und Brechen alleine zu versuchen und dabei womöglich noch einen Schaden anzurichten.

Genauso funktioniert auch dieses Prinzip mit Jesus in mir. Wenn ich vor der schweren Aufgabe stehe, freundlich zu sein, auch wenn andere mich nerven, dann darf ich Jesus bitten, das für mich zu lösen. Wenn ich nicht weiß, wie ich den Tag schaffen soll, weil ich keine Kraft mehr habe, dann darf ich ihn tun lassen. Ich trete aus dem Bild, ich mache die Bühne frei und lasse ihn wirken.

Und absoluter Bonus (wie bei jeder Diät ;-)) ist natürlich das Ergebnis an mir selber. Indem ich ihm Platz mache, werde ich eigentlich erst so richtig zu der Frau, die ich sein möchte. Eine Frau, in der Jesus zu erkennen ist. Eine Frau, die erfüllt ist von ihm.

Liebe Mami, hast du eine Ahnung davon, wie diese Wahrheit dein Leben verändern kann? Dieser Druck, alles perfekt zu machen, kann und darf endlich verschwinden.

Du musst nicht, weil er kann!

Mit mir

Meine Hübsche,

ich möchte, dass du weißt, dass ich für dich da bin. Du brauchst mich, auch wenn du alles so gerne selbst im Griff hast. Und du bekommst eine Menge geschafft, das weiß ich. Du bist schon eine Besondere. Du gibst so viel für deine Familie; bist so fleißig.

Und doch bist du auf mich angewiesen. Du musst dich deshalb aber nicht minderwertig fühlen. Abhängigkeit von mir ist nie eine Schwäche. Nein, im Gegenteil – durch die Abhängigkeit von mir beginnt deine wahre Stärke zu erstrahlen. Wieso? Weil ich deine Stärke bin. Du und ich, wir sind eins, weil ich in deinem Herzen wohne. Meine Kraft kann durch dich wirksam werden. Durch die Verbundenheit mit mir kann Großes in deinem Leben geschehen. Wenn du dir eingestehst, nicht alles tun zu können und zu müssen, und stattdessen mich um Hilfe bittest, dann werde ich dich unterstützen. Dann darfst du selbst erleben, wie ich auch heute noch das Leben von Menschen verändere und Unglaubliches durch sie vollbringe.

Hast du dich schon mal gefragt, warum so wenige Menschen das erleben, was Mose, David, Petrus, Paulus oder andere herausragende Persönlichkeiten der christlichen Geschichte mit mir erlebt haben? Ich werde dir sagen, woran es liegt. Es liegt nicht an mir. Ich verändere mich nicht. Ich bin derselbe. Immer. Ich war schon vor Urzeiten der, der ich auch in alle Ewigkeit sein werde. Ich bin, der ich bin. Das ist der Name deines Gottes. Der Grund ist, dass viele nicht in Abhängigkeit von mir leben möchten; dass sie mich nicht um Hilfe bitten; dass sie mich nicht machen lassen.

Ich weiß, dass es ein Vertrauensschritt ist, den Stift, mit dem deine Lebensgeschichte geschrieben wird, aus der Hand zu geben und ihn mir zu überreichen. Ich kenne deinen Drang, jeden Buchstaben selbst zu wählen. Aber willst du mir nicht dein Vertrauen schenken? Ich bin ein Bestsellerautor. Ich schreibe die schönsten Geschichten, glaub mir. Und ich habe wundervolle Pläne auch für dich. Wenn du mir erlaubst, deine Geschichte zu schreiben, dann wirst du staunen. Anstatt alles selbst zu meistern, übergib du mir die Leitung. Ich werde es brillant machen, glaube mir. Auch dann, wenn du nicht alles sofort verstehst.

Für mich ist nichts zu groß oder zu schwierig. All das, was wie ein Berg vor dir liegt, ist ein Klacks in meinen Augen. Trotzdem, ich nehme dich ernst. Aber ich möchte dich einladen, diesen Berg mit mir zu erklimmen – an meiner Hand.

David erlebte mich hautnah. Er wusste, was möglich ist, wenn man mir seine Probleme übergibt und mich um Hilfe bittet. Er schrieb ein Lied über mich, in dem es heißt:

Denn mit dir kann ich meinen Feinden entgegenstürmen,
mit meinem Gott kann ich über Mauern springen
(Psalm 18,30; NGÜ).

Mit mir können alle Hindernisse überwunden werden. Mit mir kann man jedem Feind entgegenstürmen und siegen. Weißt du, manchmal sind deine Feinde einfach die riesigen Wäscheberge und die unüberwindbar scheinenden Mauern einfach schlaflose Nächte. Überlass diese Dinge mir! Komm zu mir, denn mit mir kannst du siegen! Ich stehe bereit! Und ich rufe jeder Mama zu:

„Kommt alle her zu mir,
die ihr müde seid
und schwere Lasten tragt,
ich will euch Ruhe schenken.
Nehmt mein Joch auf euch.
Ich will euch lehren,
denn ich bin demütig und
freundlich, und eure Seele
wird bei mir zur Ruhe kommen.
Denn mein Joch passt
euch genau, und die Last,
die ich euch auflege, ist leicht."

Matthäus 11,28-30; NL

Nachwort
Flieg!

Ich möchte mich bei dir bedanken. Dafür, dass du diesen Weg mit mir bis hierher gegangen bist. Bis zur letzten Seite. Das ist nicht selbstverständlich. Schon mal allein deswegen, weil du eine Mama mit kleinen Kindern bist. Deine Lesezeit ist dadurch deutlich reduziert. Danke.

Vielleicht bist du etwas erschlagen von all dem, was du in diesem Buch gelesen hast. Du fragst dich, wie um alles in der Welt es möglich sein soll, all diese Dinge umzusetzen. Das ist doch nur was für Powerfrauen, denkst du, die ohnehin alles mit links schaffen.

Es ist mir sehr wichtig, das hier, an dieser Stelle, noch einmal ganz deutlich zu sagen: Niemand kann eine perfekte Mama sein. Niemand kann all das, worüber ich in diesem Buch geschrieben habe, aus eigener Kraft in seinem Leben umsetzen. Niemand kann seine Kinder mit einer wirklich restlos aufopferungsvollen Liebe lieben. Niemand kann alles mit Geduld ertragen. Niemand hat immer ein liebevolles und ermutigendes Wort parat. Niemand trägt immer ein freundliches Lächeln auf den Lippen. Niemand. Nicht einmal die powerigste aller Powerfrauen. Niemand.

Bis auf einen. Jesus. Er ist derjenige, der perfekt ist. Der hingegeben und selbstlos liebt. Dem kein Opfer zu groß ist. Der unendlich geduldig und freundlich ist. Der immer aufbaut. Immer da ist. Er ist der Star. Eigentlich ist er derjenige, um den es in diesem Buch geht. Er spielt die Hauptrolle.

Ja, es ist ein Buch für Mamas. Aber es ist ein Buch, das Mamas auf Jesus hinweisen möchte und ihn ins Zentrum des Lebens und des Alltags einer Mama stellen soll. Mein Anliegen ist es zu zeigen, was passieren kann, wenn man Jesus mit ins Mama-leben hineinnimmt. Wenn er das Zentrum wird. Wenn er die Hauptrolle spielen darf.

Er möchte dir Flügel geben. Er möchte, dass du fliegst. An seiner Hand. Durch deinen vielleicht manchmal grauen Alltag. Nimm ihn mit hinein und erlebe, wie er Farbe in dein Leben bringt. Lass dich von ihm tragen. Und ruhe in seiner Liebe zu dir. Er macht das Leben lebenswert!

Deine Anne

Quellenangaben

Zitat S. 20 aus einer Onlinepredigt von Rick Warren: http://saddle-back.com/watch/media/daring-to-wait-on-god, abgerufen am 16.08.2016; Zitat übersetzt von Anne Löwen.

Zitat S. 45: Gott ist kein Gedanke (Du bist Gottes Liebe), Text: Jörg Swoboda & Theo Lehmann, Melodie: Jörg Swoboda, © 1986 SCM Hänssler, 71087 Holzgerlingen.

Zitat S. 61 aus: Cheri Fuller, When Mothers Pray, Multnomah, Colorado Springs 2001, S. 36; Zitat übersetzt von Anne Löwen.

Zitat S. 66 aus dem Joyce Meyer Buch „Gib niemals auf". www.joyce-meyer.de.

Zitat S. 100: Leslie Ludy, The Lost Art of True Beauty, Harvest House Publishers, Eugene 2010, S. 32; Zitat übersetzt von Anne Löwen.

Zitat S. 175 aus: http://www.setapartmotherhood.com/devotional/christ-centered-mothering/exchanging-chaos-for-strength, abgerufen am 11.08.2016; Zitat übersetzt von Anne Löwen.

Zitat S. 188 aus: http://www.adventuresinbabywearing.com/2008/11/i-think-i-wrote-this-to-myself.html, abgerufen am 27.07.2016; Zitat übersetzt von Anne Löwen.

Zitat S. 192 aus: http://www.setapartmotherhood.com/devotional/christ-centered-mothering/excellence-vs-perfectionism, abgerufen am 11.08.2016; Zitat übersetzt von Anne Löwen.

Zitat S. 198 aus: Corrie ten Boom, Die Zuflucht © 2010 und 2015 SCM-Verlag GmbH & Co. KG, D–71088 Holzgerlingen.

Trotz intensiver Recherche konnten nicht für alle Zitate die Rechteinhaber ausfindig gemacht werden. Der Verlag dankt für Hinweise.